优秀班主任的

大夏书系 | 全国中小学班主任培训用书

带班育人方略

YOUXIU BANZHUREN DE
DAIBAN YUREN
FANGLUE

王振刚 / 主编

华东师范大学出版社

·上海·

图书在版编目（CIP）数据

优秀班主任的带班育人方略 / 王振刚主编 . —上海：华东师范大学出版社，2025.

— ISBN 978-7-5760-6200-7

I. G635.16

中国国家版本馆 CIP 数据核字第 2025Z04H40 号

大夏书系 ｜ 全国中小学班主任培训用书

优秀班主任的带班育人方略

主　　编　　王振刚
策划编辑　　卢风保
责任编辑　　张思扬
责任校对　　杨　坤
封面设计　　淡晓库

出版发行　　华东师范大学出版社
社　　址　　上海市中山北路 3663 号　邮编 200062
网　　址　　www.ecnupress.com.cn
电　　话　　021-60821666　行政传真 021-62572105
客服电话　　021-62865537
邮购电话　　021-62869887
地　　址　　上海市中山北路 3663 号华东师范大学校内先锋路口
网　　店　　http：//hdsdcbs.tmall.com/

印 刷 者　　三河市龙林印务有限公司
开　　本　　700×1000　16 开
印　　张　　17.5
字　　数　　250 千字
版　　次　　2025 年 7 月第一版
印　　次　　2025 年 7 月第一次
印　　数　　5 100
书　　号　　ISBN 978-7-5760-6200-7
定　　价　　69.80 元

出 版 人　　王　焰

（如发现本版图书有印订质量问题，请寄回本社市场部调换或电话021-62865537联系）

目录

第三辑　文化育人

第四辑　课程育人

第五辑　活动育人

第六辑　协同育人

第一辑

情感育人

让爱具有生长活力

——蒲公英班成长记

■ 北京市通州区潞苑小学　郎朝霞

◆········ 班主任简历 ········◆

郎朝霞，北京市通州区潞苑小学教师，北京市中小学"学生喜爱的班主任"，区级骨干班主任。荣获北京市第四届中小学班主任基本功培训与展示活动一等奖、最佳方略奖，荣获通州区"春华杯"教学比赛一等奖。

◆········ 班主任宣讲 ········◆

一、育人理念

陶行知先生说："没有爱就没有教育。"爱不仅是教育的手段，更是教育的目的。让爱具有生长活力，引导孩子感受爱、表达爱、体验爱、传播爱，是我的育人理念。

蒲公英"播种—萌芽—绽放—飞扬"的生命历程与培养"生长的爱"非常契合。于是，我和孩子们一起商量，一起探索，将班级命名为"蒲公英班"，并精心设计了班徽。我希望班级成为孩子们爱的发现场、体验场和创造场，希望每个孩子都在爱的涵养和拥抱中成长，让心中的爱如蒲公英一样"播种—萌芽—绽放—飞扬"，充满生长活力。

二、班情分析

又是一届一年级。为了准确而快速地了解学情，开学初我就学生家庭情况、亲子关系、同伴交往、上学期待等方面开展了爱的发现和感受大调研。调查结果显示：81%的父母认为孩子拥有足够的关爱，而68%的学生感觉自己缺少关爱。这提示我，需要培养学生爱的感受能力和交往能力。

三、班级目标

让每一个学生都能在充满爱的环境中茁壮成长，获得安全感、归属感和价值感，深扎爱之根，开出爱之花，播撒爱的小种子。

两年来，我和孩子们在班级里进行了爱的探索和创造，开展了"爱的生长四部曲"班级系列活动，一个培育爱、充满爱、传播爱的蒲公英班正在茁壮成长。

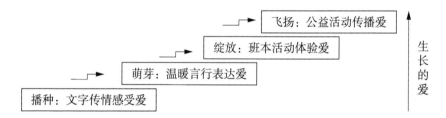

四、实践做法

（一）播种：文字传情感受爱

陌生的环境容易引发焦虑，迅速营造安全、温暖的班级氛围，帮助孩子顺利度过幼小衔接，是我建班的第一步。

1. 爱之初相遇：上学的滋味甜甜的

（1）寻班记。

开学第一天，孩子们通常会有些紧张，甚至会有孩子在校门口哭闹着不让家长离开。为了缓解孩子的焦虑，让他们开开心心走进校园，我设计了寻班游戏。孩子们根据闯关卡上的路线提示，通过用眼观察、动脑思考、交流互助找到班级，见到老师。寻班游戏让孩子感受到上学是有趣的，忘记了初入学的小紧张。

（2）见面礼。

入学第一天，我笑容满面地站在教室门口，给每个走过来的孩子一块糖果和一张爱的小卡片，卡片上表达着师生初遇的欣喜，我摸摸孩子的头，孩子便拿着糖果和卡片满心欢喜地坐到座位上。甜甜的滋味与第一次走进教室的感觉联结到了一起。

2. 爱之常相伴：成长的能量满满的

（1）知心屋：师长的关爱是时时的。

一年级学生经常会遇到各种小困难，而班主任工作繁忙，往往顾不上听孩子细说。不能倾听，谈何关爱？为了更好地倾听和回应孩子，我在班级放置了一个小屋形的信箱，称之为"知心屋"。孩子们有什么心里话，可以写下来放进知心屋里。每天学生放学后我都会打开知心屋，认真阅读每一份小小的诉说，给予回信或者帮助解决问题。知心屋让孩子们感到老师时刻和他们在一起，每一个孩子都是被关爱的。

（2）爱心墙：伙伴的关爱是暖暖的。

为了让孩子对身边的关爱更敏感，我在班级宣传栏画了一个大大的爱心，称之为"爱心墙"。我请孩子们用画一画、写一写的方式记录下感受到的关爱并贴到爱心墙上。不到一个月，爱心墙上便贴满了爱的纸条，孩子们开始时刻留心身边爱的信号，班级洋溢着爱的温暖。

（3）亲子信箱：父母的陪伴是真切的。

从幼儿园到小学，孩子面临学习、行为、人际交往等多个方面的挑战，父母的陪伴和关爱显得尤为重要。可是我们班的家长大都工作繁忙，有的家长甚至在孩子熟睡以后才回到家。为了保证亲子之间能及时和有效地沟通，让孩子感受到父母爱的陪伴，我在家长会上建议家长们在家庭中设置亲子信箱。孩子的思念和困难、父母的鼓励和叮咛都可以写下来，由小小信箱帮助传递。家庭亲子信箱弥补了父母和孩子聚少离多带来的沟通问题，架起了亲子间情感的桥梁。

（4）每周家书：家校的沟通是诚挚的。

每个孩子都是一个鲜活的成长中的生命，每一天都在爱的班级中发生变化。每周我都会以家书的形式，用饱含爱意的笔触记录孩子们本周的校园生活，与家长们分享。在一次次活动记录、生活剪影中，家长体会到了老师爱的教育，见证了孩子的成长。每周家书，成为老师、家长、学生对一周生活的总结与回顾，为孩子的生长注入爱的力量。

在充满爱的班集体里，爱像空气一样包裹着孩子们，所有的孩子是被接纳的、被关爱的、被认可的。我感受着孩子们的幸福从学校弥漫到家庭，孩子们笑意盈盈，温暖的班集体让上学成为孩子们最期待的事。

孩子们心中种下了爱的种子。

（二）萌芽：温暖言行表达爱

班级中71%的学生为独生子女，是家庭中众多成人关怀、照顾的唯一对象。他们习惯于享受爱而不善于表达爱，喜欢上学却依旧是一个个孤立的个体。这就需要教会孩子表达爱，用爱连接彼此，建立班级归属感。

1. 拥抱日："我"值得爱

一年级孩子面对新的环境容易产生紧张焦虑。研究证明，拥抱能简单明确地表达人与人之间的关爱，进而缓解焦虑。为了帮助孩子尽快适应小学生活、适应班级，获得归属感，我们把每周二定为"拥抱日"，也是爱的表白日。每个周二早上，我会笑盈盈地迎接每一个到来的孩子，为他们送上一个大大的拥抱。孩子们也会在这一天去拥抱尽可能多的小伙伴，表达自己的爱。这天晚上也是家庭的"拥抱夜"。在拥抱中，孩子们更可爱，家长更会爱，老师更温暖。

2. 赞美箱："我"被欣赏

低年级学生的道德判断具有从他律到自律的特征，对于别人的缺点和错误总是看得更清楚。虽说告状是孩子的天性，但是班级里总有人打小报告，班级气氛就会变得有点紧张。这时，班级里的小小赞美箱便派上了大用场。孩子们只要发现了同学的优点或同学做的好事，就可以写下来投到赞美箱里，赞美信每周公布。随着赞美箱落户班级，孩子们在悄悄发生变化，课堂上因为老师工整的板书、同学精彩的发言或点滴的进步而自觉发起的掌声越来越多，一双双善于发现美的眼睛越来越亮。孩子们用赞美表达对老师和伙伴的爱。

3. 报喜会："我"被认可

及时的表扬和赞美能让同伴获得自信和被认可的愉悦，但是仅仅在班级里表扬是不够的，我鼓励孩子们在更大的场合说出对伙伴的赞美，将赞美广而告之。于是，我们一起盘点进步，选出"进步之星"，为其召开报喜会。当选的"进步之星"可以邀请父母和自己的好朋友参加活动，我们会准备好饮品、甜点、鲜花、礼品，当然还有大奖状……在报喜会上，伙伴们你一言我一语说进步，一句赞美、一个拥抱、一片掌声，流露出爱的肯定，我们因爱联结为集体。

爱的种子悄然萌芽。

（三）绽放：班本活动体验爱

孩子们在感受爱、表达爱的过程中，感受到了爱带来的幸福与快乐，他们越来越渴望施展自己爱的力量。班级和家庭为他们提供了爱的体验场，丰富多彩的"蒲公英"实践活动让爱扎根和绽放。

1. 友爱"蒲公英"

班级学生"自我中心"心理特征较为明显，因此有必要指导学生在同伴交往中体验表达爱的多种方式，提升爱的能力，建立和谐友爱的同伴关系。为此，班级开展了友爱"蒲公英"班本活动。

活动名称	活动目标	活动内容	活动效果
"蒲公英"小队	合作互助	成立"蒲公英"小队，从学习、交往、规则、生活等方面帮助班级不善表达的小伙伴，营建安全友爱的班级环境。	小伙伴在安全友爱的环境中开始表达自己，队员们收获付出爱的快乐。
神秘"蒲公英"	彼此关爱	每个孩子都是"蒲公英"——帮助者，也是小天使——被帮助者。周一所有"蒲公英"通过抽签确定自己的小天使，默默给予小天使关爱。周五解密"蒲公英"身份。大家分享感受，彼此拥抱。	学生由不会表达关爱，到后来明白关爱可以通过语言、行动、微笑等多种形式表现，学会了更多表达爱的方法。
"蒲公英"志愿岗	服务奉献	围绕"我为班级做点事"，师生共同设置志愿服务岗，一起研究岗位职责、履职方法以及评价方法，通过自主申报和岗位竞聘，每个学生都能为班级服务。	将学生的爱提升到班级层面，爱的能力得到生长。同时"家庭服务岗"随之生成，孩子在班级和家庭中共担爱的责任。
最美"蒲公英"	分享共爱	引导孩子从感受爱、表达爱、践行爱、遵守爱四个维度进行自评和他评，选出班级最美"蒲公英"。	激励学生时时处处践行爱，孩子由最初的为了加分而践行爱，到后来主动践行爱，班级形成分享共爱的温暖氛围。

2. 孝亲"蒲公英"

苏霍姆林斯基说："如果一个孩子连他的母亲都不爱，他还能爱别人、爱家庭、爱祖国吗？"孩子只有懂得感恩与孝敬，才能具备爱和责任，因此，班级开展了孝亲"蒲公英"系列活动。

活动名称	活动目标	活动内容	活动效果
家庭母亲节	感恩母亲	孩子生日这一天为家庭母亲节。 1. 交流与妈妈的故事，欣赏妈妈。 2. 对妈妈说一声"谢谢"，给妈妈一个拥抱。 3. 在生日当天感恩妈妈。	学生更懂得母爱的伟大，学会爱的回应，让家庭氛围充满爱。

活动名称	活动目标	活动内容	活动效果
八八爸爸节	关爱父亲	农历八月初八（"八八"谐音"爸爸"）为爸爸节。 1. 交流与爸爸的故事，欣赏爸爸。 2. 分享"我眼中的爸爸"。 3. 开展"我给爸爸写封信"活动，表达对爸爸的爱。	更懂得父爱的含蓄深沉，学会爱的交流，很多孩子收到了爸爸的回信，亲子关系更融洽。
重阳敬老节	孝敬老人	1. 说说自己家可爱的老人。 2. 践行重阳节"三个一"： （1）专心和老人聊一会儿天。 （2）为老人做一件事。 （3）向老人说一句感谢。	更关注家中老人，对老人多了一些倾听和了解，多了一些孝心行动。

在班级多元活动实践中，孩子们感受爱、表达爱、回应爱，同伴间多了关爱，班级更加温暖，家人间互动增多，家庭更加温馨。

小小的"蒲公英"们在爱的滋养下迅速生长，蒲公英班正在吐蕊绽放，散发爱的芬芳。

（四）飞扬：公益活动传播爱

"蒲公英"们在积攒力量、快乐绽放的同时，也希冀把心中的爱播撒到更宽广的天地。为了给孩子提供更多播撒爱的机会，在家委会成员的协助下，我们班积极组织公益活动，让"蒲公英"们尝试飞翔。

1. 与山区伙伴手拉手

（1）点亮"微心愿"。

在千里之外的贫困山区，留守儿童生活贫寒，学习条件艰苦，有的孩子甚至面临失学的危险，我们主动与当地团委取得联系，希望提供帮助。恰逢新年，在当地团委的帮助下我们收集了部分孩子的"微心愿"，根据他们填写的心愿卡，班级学生用自己的零花钱购买学习用品和生活用品，精心挑选，亲自邮寄。当地团委同志特意拍摄了爱心礼物运输、发放过程的视频。看到视频中当地孩子们满足的笑容，还有这么多叔叔阿姨帮助我们传递爱心，学生感受到了爱心凝聚在一起的力量。

（2）鸿雁传情。

物质上的帮助毕竟是有限的，留守在山沟里的孩子最需要的是心理上的关怀和精神上的鼓励。班里的学生通过书信与远方的小伙伴沟通，虽然他们会写的字不多，但是拼音、字典、图画都是他们表达的小帮手。孩子们稚嫩的语言里满是鼓励和祝福，让千里之外的小伙伴感受到来自北京的关爱，他们也从小伙伴身上学到了面对困难的勇气，更懂得了珍惜当下的生活。

2. 为孤残儿童献爱心

在通州区有一个"晨光宝贝之家"社会公益组织，这里收养着十多个因先天性残疾而被遗弃的孩子。"蒲公英"们在获得爸爸妈妈的支持后，开展了"与晨光宝贝手拉手"的活动。他们通过节省开支、种植售卖绿植、承担额外家庭任务等方式获得爱心款，捐献给晨光宝贝之家，用于购买米面粮油等生活用品。全班同学还约定努力学好本领，长大后要像晨光宝贝之家的创始人赵妈妈一样去帮助更多的人。

传播爱慢慢成为孩子的内在意识，心中有爱的"蒲公英"们学会了在生活中随时随处回应爱、表达爱、传递爱。"蒲公英"们正在学习爱人，未来要用这份爱去爱生活、爱社会。

五、特色与成效

我和孩子们不断进行爱的探索和创造，我们的蒲公英班被评为北京市优秀班集体。作为班主任，要以师爱为源泉，为学生打造一方爱的沃土，滋养学生的爱，让学生的爱在班级生活中如蒲公英般播种、萌芽、绽放、飞扬。孩子们在充满爱的班级中获得安全感、归属感、幸福感、成就感，温暖的班级让上学成为孩子们最期待的事。在爱的滋养下，孩子们团结友爱、乐观自信，爱的能力得到提升，孩子们从爱身边的人开始，进而爱生活、爱社会，在帮助他人的过程中明白自身的责任与担当。

千变万化，创造无所不能

■ 北京市海淀区七一小学　万玲

◆-------- 班主任简历 --------◆

万玲，北京市海淀区七一小学教师，北京市中小学"紫禁杯"优秀班主任，北京市中小学"学生喜爱的班主任"，海淀区青年岗位能手，海淀区优秀班主任，海淀区优秀少先队辅导员。在北京市第四届中小学班主任基本功培训与展示活动中荣获一等奖。

◆-------- 班主任宣讲 --------◆

一、育人理念

夸美纽斯在《大教学论》中提出：教育应当顺应孩子的天性发展。之后，卢梭、裴斯泰洛齐等教育家都延续了夸美纽斯的教育观，直到苏联教育家苏霍姆林斯基提出：要培养学生成为全面发展的人。我想：我要在顺应孩子天性的基础上，培养出全面发展的孩子。这就是我的育人理念。

二、班情分析

我们的学校，坐落在海军大院。我的孩子们有一半是海军娃。面临全新的环境、全新的老师、全新的要求和规则，有一些孩子因为陌生显得非常恐惧，不敢交流和表达；有一些孩子因为不清楚小学的要求而经常犯错误，无视老师和规则，无论是课堂上还是课间都表现得异常活跃和自由；还有一些孩子，没有目标，不知道要做什么。

三、班级目标

我要用教师的疼爱，使一颗霜打的幼苗，经过阳光的沐浴，重新绽放美丽的花朵；我要用教师的真爱，使学生和我心通、志同、理达；我要用教师的博爱，使学生产生强大的力量和向上的动力。我坚信只有用润物细无声的关爱与真诚走进每一个孩子、家长的内心世界，才能使孩子幸福得像花一样向阳生长，迎风盛开。

四、实践做法

（一）魔法棒挥一挥，让班级文化变起来

我是一位魔法师，我的手里有一个魔法棒，能把身边的事物变得神秘又美好。我总在挥舞着我的魔法棒，因为我想要创造无所不能的我，更想要成就无所不能的孩子们……

1. 家长信，变变变

开学前，我一改传统的入学通知书，亲自手绘了入学家长信，用最童真的方式告诉孩子们在假期应当作的准备。我想通过这样的方式，减轻家长与孩子的分离焦虑，让他们对即将开始的丰富多彩的小学生活有期待和憧憬。让这些孩子可以满怀激动的心情，走进学校，走进班级。

2. 班牌，变变变

我改变了传统的班牌设计，把孩子们熟悉的海洋和海军的元素融入到班牌中，让他们能够在陌生的环境中找到自己熟悉的事物，让他们把教室和刚刚组建的集体当成自己的"家"。

3. 墙面，变变变

教室是孩子们每天生活时间最长的地方，可以说是他们的第二个家。因此，我非常珍惜教室中的每一个角落，利用每一寸可以利用的空间，为孩子们服务，尤其是利用墙壁，与孩子们对话。

一年级的孩子们就像一张白纸，就像我们这空荡荡的教室。所以，我就布置每个人做一张自我介绍贴在墙报上，让孩子们尽快认识自己的"同窗战友"，主题就是"认识你真好"。通过这一张张小小的自我介绍，拉近了孩子们之间的距离，也给了他们一个快速展现自己的机会。

我看到有的孩子在学校做了危险的事情，会用简笔画的方式告诉孩子们在学校不可以做的事情。我不说"禁止""不准""不要"，而是借助孩子们喜欢的方式代替说教，使孩子们更容易接受；我也利用自己的书法特长，把对孩子们的期望写下来贴在了墙上。

其中一个角落，张贴了我写下的三句话：让每一个错误都值得表扬；我能大胆表达自己的想法；我可以与别人不一样。除此以外，我还开辟出"学习角""评比栏""班级公约"等栏目，希望用这些"魔法"改变空荡的教室，让孩子们一进教室就置身于一个干净、整洁、温馨而又安全的环境中。

（二）魔法棒挥一挥，让生硬的规则变身

转变了班级文化，我又再次使用了"魔法"，让黑白的规则变得多彩。

1. 可爱风：让试卷变得更加生动

我所有的学生都知道，万老师很爱画画。在他们眼中，能够得到万老师的画是无上荣耀。因此，我干脆画了一些小图作为奖励。有些学生害怕见到自己的试卷，但我用幽默的简笔画的方式，让学生能够正视自己的优点和不足，带给他们面对挫折的勇气。在各种优秀的作业、试卷中看到万老师的小画，这也成为学生们茶余饭后的谈资。

2. 私人定制：让岗位设置更美好

在没有戴上红领巾之前，我们班的男女班长、小组长、课代表都实

行轮换制。男女班长每天按照学号轮换，公平地让所有学生都能有所表现，争取让大家认可，为二年级的班干部竞选作准备。班中有班长，组中岂能无领袖？所以，仿照小班长制度，先让孩子们轮流当组长，最后再请组员们选出能够让大家信服的小组长。课代表也是一样。但是，如何奖励这些认真负责的小干部呢？那就是奖励孩子们一个跟我一起写大字的机会。

3. 快乐风：让评比栏充满惊喜

入队前，每个孩子都紧张起来。小学中最光荣的那一天就是戴上红领巾的那一天。在班级评比中，只要积分达到了入队线，就可以实现戴上红领巾的梦想。戴上红领巾的孩子，就能够获得和万老师一起玩游戏或一起参加比赛的机会。

4. 小清新风：抽奖箱大换血

期末，孩子们很辛苦，积极性有所下降，为此我设计了抽奖环节。每一次练习全对的，每一次考试优秀的，都能得到一个荣誉章，获得十个章就可以参加抽奖。而奖品是"班长券""组长券""分饭券""酸奶券""课代表券""小礼品券"……

现在，我把原本的奖券换成了我的一幅简笔画、一幅字、一首钢琴曲、一个精心设计的冰箱贴……小清新风的奖品，增进了我和孩子们心与心的交流，灵魂与灵魂的碰撞。我的改变影响着孩子们，让紧张的学习生活变得有趣！

5. 全民风：让其他老师参与其中

不仅我在作着改变，我还邀请了各科老师用他们的才艺，为孩子们精心地准备着小奖品。英语老师手绘了作品，语文老师做了手工，体育老师表演跳绳……老师们使尽浑身解数，只为孩子们。

我发现，孩子们找到了自己的方向。有的参加了舞蹈比赛，有的参加了学校特色的"海军海洋课程"，有的参加了足球赛，有的参加了课本剧展演，有的参加了机器人比赛，有的去了田径队……他们在更多、更大的舞台上展现自己的风采。正如苏霍姆林斯基所说：教育不仅是一门科学，而且是一种艺术，而教育艺术的全部复杂性，是要善于感觉到一个人身上那种纯属个性的东西。

（三）魔法棒转一转，让家校合作转起来

慢慢地，我发现，孩子们的需求越来越多，追求越来越高，我已经不能满足孩子们的需求了，所以我再次挥了挥魔法棒，"魔法"来到了学校外面的天空！

1. 海军家长铸军魂

因为身处海军大院，所以我邀请了海军家长进课堂，他们为孩子们带来了很多关于海军和海洋的知识。有的家长给孩子们带来了南海的沙子，有的家长给我们讲述潜艇的故事，还有的家长给我们展示了海军战机的样子……孩子们深感：长大后，我也要成为你！

2. 家委会发挥大作用

我们让班队会变成了家长课堂。每周五，就会有一位家长来给孩子们上课。我知道，孩子们激动不仅仅是因为能看到自己的爸爸妈妈，更多的是，家长带给了孩子不一样的课堂。家长们精心准备，让班队会越来越精彩。书画、击剑、海底世界、乐高机器人、足球、漫画、朗诵、羽毛球……家长们的课堂包罗万象。

3. 毕业生讲堂

我们班有个传统，不管是哪个毕业的学生回到母校，我都要求他走上小小的"讲堂"。有的毕业生给学弟学妹讲一些新知识，有的展示他们的才艺。很多上了大学的学生因为自己的多才多艺，在大学中找到了志同道合的朋友，丰富了大学的生活，调节了枯燥的学习时光，增添了个人魅力。我想，这不仅是七一小学的荣誉，是毕业生对母校的热爱，也是给孩子们最大的鼓励。

每周五的班会课，是孩子们最期待的，因为他们看到了学校以外更广阔的天空——那些连万老师都要学习的五彩的世界……

（四）孩子的魔法棒转一转，学习更精彩

两年的时光，通过我不停的坚持和孩子们不懈的努力，孩子们也挥起了魔法棒，因为我惊喜地发现，他们也在变……

1. 作业变了

孩子们的作业从以前单纯的算式和数字变成了各式各样有个性的展示：有的孩子展示数学实验；有的孩子用自己的才艺做着游戏；有的孩子用数学方法去解决其他学科问题，比如有孩子用乘法演示了《曹冲称象》……

2. 榜样变了

他们心中的榜样，悄悄地转变了。他们遇到不懂的问题，去请教的是全面发展的孩子；下课的时候，我看到他们在拥抱一个伙伴，我询问得知，他们觉得这个小伙伴体育好、写字好、踢球好……他们从最开始的只要求成绩好，到现在喜欢多才多艺、全面发展的孩子。

3. 墙面变了

我们的墙面从展示我一个人的作品变为全部都是孩子们的艺术作品：我撤掉了自己的画，因为孩子们的作品比我的还要丰富。最重要的不是作品有多精彩，而是孩子们愿意参与，愿意努力。墙面上有绘画作品，有书法作品，还有他们无限的创意。蒙台梭利认为儿童之间的互动和交流对他们的成长和发展具有重要意义，她强调儿童在"有准备的环境"中进行自主学习和社交互动，在这种环境中，孩子们可以自由地与其他孩子互动。

4. 荣誉变了

不管是哪种比赛，只要是学校活动，我班的孩子们就会拼尽全力，争取获得荣誉。其实，在我心中，获得第几名不重要，重要的是所有的比赛我们都拼尽全力，不留遗憾。在学校的"浪花杯"足球赛中，我们班更是创造了奇迹，我们没有校队的孩子，但是却因为班级的凝聚力团结在了一起，赢了比赛，赢在一颗颗永不放弃的心！孩子们不仅给了我和家长们一个大大的惊喜，也给我们上了难忘的一课。

每周五的班队会从家长课堂转变成了学生课堂：有的孩子教大家做游

戏，有的孩子和大家一起做手工，有的孩子用英文为大家讲故事。孩子们的变化，感动了我。这样的孩子们，叫我如何不爱呢？如果我不努力，怎么配得上这个优秀的班集体呢！

五、特色与成效

我的魔法棒永远不会停，我想用这些神奇的"魔法"，把一切变得越来越好。到底是孩子们造就了千变万化的我，还是我成就了无所不能的孩子们？这不重要，最重要的是我们在通往全面发展的路上从未退缩、一直前进。无论发生的变化有什么，规则、文化、奖励、小干部……我想借助这些让孩子全面发展的决心永远不变。我更希望的是：以我千变万化，愿你无所不能；用我所有坚持，换你一生精彩……

难忘我们的班级被评为北京市优秀班集体、海淀区优秀班集体，荣获"红领巾奖章"集体二星章，在"浪花杯"足球赛中荣获冠军……我们的班级代表七一小学参加中国象棋大赛开幕式，参与军博央视节目录制……

慧眼慧心育成长，白桦棵棵向阳生

■ 四川省成都市草堂小学　陈果

◆--------　班主任简历　--------◆

陈果，四川省成都市草堂小学教师，成都市优秀班主任，成都市优秀班主任标兵，青羊区教坛新秀，青羊区优秀班主任。在四川省第一届中小学班主任基本功展示活动中荣获一等奖。2021年，被四川省推荐参加全国中小学班主任基本功展示交流活动。

◆--------　班主任宣讲　--------◆

一、育人理念

白桦是我们的班名。白桦是一种生长快、生命力强、适应性强的植物。一棵白桦树高大、挺拔，一列白桦树整齐、秀美，一片白桦林繁盛、瑰丽。

每一个孩子都是独特的风景，他们融合起来的班级将成为一片更美的景致。于是，"慧眼慧心育成长，白桦棵棵向阳生"的育人理念就应运而生了。我希望以"心育"为策略，使班级中的"小白桦"们都能收获同学们的关心、老师们的耐心、全体成员的爱心，在温暖的集体中感受暖心，付出真心，过得开心，树立信心。我希望，"小白桦"们能循着草堂小学至真、至善、至美的诗意之路，与同伴融合，悦纳自我，成就自己。

二、班情分析

班级中男孩 27 人，女孩 22 人。男孩们活泼热情、兴趣广泛，女孩们文静可爱、善解人意。他们就像白桦树一样纯洁、正直。在男孩中有一张特别的笑脸，他是"小星星"。他像天上的星星一样活在自己的世界里，因为他患有阿斯伯格综合征，冲动、暴躁、易激惹，与伙伴难以融合。如何让班级所有的孩子学会悦纳他人，与同伴融合，共同成长，这些是我作为班主任需要思考与解决的问题。

我们班的家长多为"80 后"，学历普遍较高。他们对孩子的教育有高期待，不仅仅在学习上关注孩子的进步，还关注孩子的身心成长。家长们很有个性，也特别注重孩子的个性发展。所以，加强家校合作，为孩子的心理成长形成合力非常重要。

三、班级目标

班级发展总目标：白桦棵棵共生共长。希望孩子们懂得欣赏他人，成就自己。

短期目标：友爱融合。

中期目标：善慧悦纳。

长期目标：共生共长。

带班育人思维导图：

白桦树根深叶茂，我们的班级就是这棵大树，诗意教育是班级深深的根基，为树的成长提供充足的养分。心育是大树粗壮的树干，为枝叶输送养料。特色班级管理和心育活动是大树两大浓密的枝丫，结出班级友爱融合、善慧悦纳、共生共长的累累硕果。

四、实践做法

（一）种下诗意，白桦生根文韵诗情

我们的学校位于浣花溪畔，紧临草堂。学校植根传统文化，以诗意教育为办学理念，整个校园充盈着文韵诗情。

1. 三级诵读，润我心

每日晨读、午阅、暮诵，让孩子们时时沉浸在诗意的氛围中，在耳濡目染中受到中华优秀传统文化的熏陶和影响。

2. 诗歌课堂，入我心

开展经典赏析课，孩子们在六年的学习生活中赏析先贤经典，深受启发。

友爱之规：以《弟子规》中的"兄道友，弟道恭"为起点，教会孩子们友爱他人。

善慧之诗：唐诗宋词引导孩子内省，悦纳自己，成长为善慧的孩子。

成长之言：文言名篇引领孩子感悟成长，领略宇宙生命的奇妙。

3. 自创诗歌，书我心

孩子们时时浸润诗意，也试着自己进行创作，并在诗社内开展"赏诗"活动。孩子们"以我手写我心"，以诗寄情，托物言志。"小星星"在一首诗中写道："教室里好吵好吵，我真希望大家能安静一些，让我只听到音乐的美妙。"

在诗歌濡染的宁静氛围下，孩子们心灵沉淀，心绪平和，能更平静、轻松地面对自己及他人。

（二）班级管理，白桦蓬勃携手前行

1. 三级管理：规则在我心

随着年龄增长，孩子们的自我意识凸显，为了使他们能勇于面对困难，积极解决问题，学会团结合作，共同进步，我采用三级班级管理方式。

（1）个人管理。"清洁精灵""路队精灵""礼仪精灵"……除了班委，每个孩子都有自己合适的职位，人人都是班级管理与服务的参与者。"小星星"也参与其中，他因为特别不喜欢小朋友的吵闹，所以他负责提醒大家"轻声缓行"。

（2）小组管理。全班同学轮流担任班委，自由组成四个管理小组，一个管理小组的成员各自认领班委工作。班委每周进行自我涂色评价，评价自己的工作；其他同学用小红花对本周班委进行评价，评价管理的效果。个人和小组结合，两条线管理，利用集体的力量对孩子的行为进行正向约束。

（3）班级管理。微型班会课利用正面管教的形式，在较短的时间内帮助孩子发现班级中的问题，老师引导分析，最后以头脑风暴的形式进行讨论，凝聚班级智慧解决问题。全班投票遴选最适合的解决方式，并形成班级公约，全班共同遵守，培养契约精神。

三级管理中，孩子们一起分担，一起分享，一起进步，一起收获。一个个小组就像一列列小白桦，争先恐后却又整齐有序。

2. 立体评价：同伴在我心

每个学期，每个孩子除了得到老师在成长足迹上的等级评价和爸爸妈妈的评语，他们还将收到自我的评定反馈以及同伴的创意评价。

（1）涂色自评。每学期自我涂色评定排名靠前的孩子，可以得到红包奖励，这个红包里有老师、家长和同学对于获得者新学期的寄语，还有自己写在"愿望清单"上的奖励。

（2）评价贺卡。孩子们亲手制作贺卡，写上对同伴的创意评价。比如"小星星"在这一个学期收到了同学极高的评价："你简直是一位出色的画家，你的绘本我特别喜欢。我们以后要来买你的作品，记得给我留一本签名本。"

在常规的学生评价体系中加入了学生的自我评定及同伴评价，使孩子们的评价更加立体也更加全面。每一棵小白桦都有不同的叶子，每一片叶子都有不同的精彩，我们用心，就会看见。

（三）心育活动，白桦棵棵欣秀成林

1. 家校共育：孩子在我心

我在班级开展家庭教育工作坊，组织家长共读中华优秀家书，汲取传统经典智慧，指导现代家庭教育。每学期除常规进行线上、线下家长会外，还会围绕班级出现的状况开展主题式家长会，比如征得"小星星"妈妈同意后在班级召开了一场特别的家长会。我告知了家长朋友们"小星星"的情况，并分享了孩子们在班级中表现出的对于不同伙伴的接纳。我们都认为，"小星星"的到来正是让孩子们修"爱""理解""尊重"课程的契机，他是我们班级共同的孩子。

2. 各方合力：班级在我心

"小白桦"们的成长中，有时会经历一些不安，有时会遭遇许多的困惑，我借助各方合力，将科任老师和家长卷入班级活动中，以达到班级发展的不同阶段目标。我在班级开展各种贴合班情的呈序列的团辅活动及特色活动，希望他们在活动中成为更好的自己。

（1）短期友爱融合。

一年级，"小白桦"们刚来到陌生的集体。我通过"水果沙拉"团辅活动，让每个孩子化身为一枚水果，尊重每一个伙伴的选择，各式各样的水果融合在一起，就是一盘最美味的水果沙拉。

● 生长点（特色活动）：

①家风家训活动。为了去看望孤独症康复中心的小朋友，我们邀请爸爸妈妈帮助孩子开展义卖活动，不仅展示了家庭特色，还筹集了善款。

②参观孤独症康复中心。孩子们把所得善款带给了成都市慧星自闭症儿童康复中心。在与孤独症儿童的接触中，孩子们和家长们更加理解了"小星星"的不同，对他也更加包容。此次活动在孩子们心中埋下了友爱的种子，之后我们还开展了救助流浪小动物等活动。在活动中，我看到了孩子们用一颗颗纯真友善的心去靠近他人、温暖万物。

③爸爸妈妈讲绘本。邀请爸爸妈妈进课堂，与孩子们一起分享绘本。

幼儿园老师妈妈讲《我有友情要出租》，让孩子们学会交朋友；心理咨询师爸爸讲《杰瑞的冷静太空》，让孩子们学会正确处理情绪；等等。

在以友爱融合为目标的这一系列活动中，"小白桦"们能友好对待班级中的伙伴，接纳朋友的不同，我们的班集体变得融洽而和谐。

（2）中期善慧悦纳。

从三年级刚开始，班级里刮起了一阵"绰号风"，我及时开展"我和绰号面对面"团辅活动。四年级时，有孩子告诉我当情绪朋友来敲门时有些不知如何应对。于是，我请来了成都市荣美心理工作室的老师带来专业团辅"正视情绪"，使孩子们悦纳情绪，善良友好地与他人相处。之后，教室里出现了属于我们自己特有的小角落。窗台上的"心情杯"显示每个孩子的情绪，黑板上的"情绪红绿灯"时刻帮助孩子控制情绪，音乐角为孩子提供排解情绪的空间。团辅活动，悄悄延展到了孩子们生活的每一天。

● 生长点（特色活动）：

① 50号信箱。全班一共49个小朋友，而学号第50号就是我啦！50号信箱里有写给我的信，也有写给同伴的信，有对于班级管理的建议，也有自己的小心事，还有不好意思当面对同学开口的话。50号信箱就像是我们爱的中转站。

②一封家书。爸爸妈妈们第一次以书信的方式与孩子进行推心置腹的交流，孩子们也向爸爸妈妈敞开心扉。

③走进博物馆。孩子们升入中年级，我更注重将科任老师融入到班级活动中来，让教师队伍成为班级良性氛围中的重要一环。比如：科学老师带着孩子们开展"花的表情"活动，观察浣花溪的植物，制作标本；美术老师陪伴孩子们参加"体验剪纸""领略竹编""走近蜀绣"等活动，带领孩子们体验更多美好的事物，感受万物之美。

④班级共读。全班同学共读一本书，并开展导读、赏析等整本书阅读课。如共读《苹果树上的外婆》《傻狗温迪克》，让孩子们从温暖的故事、优美的文字中学习如何智慧愉悦地与周围人相处。

在以善慧悦纳为目标的系列活动后，"小白桦"们学会了在情绪来敲门时，善待自己；在良好的沟通中，悦纳他人；走进自然，体会世间万物皆有灵。孩子们成长得更加善良智慧。

（3）长期共生共长。

利用新年，我在班级开展了"我最想感谢的同学"特别团辅活动，这一创意来源于团辅中的致谢环节，每个孩子都模仿规定句式说出心里话，表达对友情的感恩，并抱一抱想感谢的同学。孩子们感谢好伙伴，冰释前嫌，眼含泪光。那些以前常和"小星星"闹矛盾的小男生甚至抱成了长长的火车。伙伴让彼此温暖，同学们相伴成长，新的一年，希望孩子们心怀感恩，携手前行。

孩子们的理想该如何表达？将梦想画在手心，鼓励每一个孩子都勇于讲一讲自己的梦想，肯定自己的梦想，也欣赏他人的梦想。"小星星"因为特别喜欢画画，所以他的梦想是当一名画家，当全班48个孩子举起他们的小手表示支持时，我仿佛看见了一片梦想的天空！

● 生长点（特色活动）：

①栽种植物体悟生命。班级开展了栽种红薯、水培萝卜花活动，孩子们体会着养育生命的辛苦与不易，家长们也在一片质疑和担忧中迎来了植物生长带来的喜悦。"小星星"的妈妈在红薯长出叶来的那一天给我发来了照片，感叹静待花开的惊喜。一个孩子在自己的植物观察日记中写道："妈妈和外婆担忧了好久，妈妈说红薯品种不对，外婆说红薯被窖藏过发不了芽。我却不说话，每天都去看看我的小红薯，带它晒太阳，给它讲笑话。你看它终于发出小芽啦！""小白桦"们全心全意陪伴着植物生长，在这个过程中，爸爸妈妈也同孩子一起成长。

②戏剧表演展示自我。我继续向科任老师借力，在戏剧表演活动中，请来音乐老师帮助大家排练舞台剧，发挥每一个孩子的所长：有的写剧本，有的当导演，有的制作道具，有的配乐……孩子们一同投入到表演中，"小星星"演的小青蛇更是惟妙惟肖。

③自主阅读。孩子们在推荐书单中自主选择阅读，如《天蓝色的彼岸》《苏菲的世界》，通过阅读让孩子对生命有了更深层的感悟与思考。

在以共生共长为目标的系列活动中，"小白桦"们怀揣着五彩斑斓的梦，在阳光下闪耀着活力，将枝丫努力伸向蔚蓝的晴空，生长着，生长着……

五、特色与成效

我们一起体会向阳生长的喜悦：班级里的小陈，从二年级当着全班同学的面说不出一句话，到五年级在轮流当班委中成为大队委，带领全班同学一起设计班级公约海报。还有小李，以前他最喜欢给"小星星"挑刺，现在变成了班级的"友爱协调使者"。"小星星"也变得自信起来，走出了他封闭的世界。瞧！他创作了一本绘本《小金雕成长记》，讲述了小金雕在伙伴和老师的帮助下学会飞翔的故事。

我以"小星星"的事例所写的教育叙事《你是不同的星光》，在青羊区差异教学教育论文评选中荣获一等奖；我被评为成都市优秀班主任标兵；家长朋友们，更加明晰了自己作为家长的角色，教育方法也更科学，教育观念从只关注个人到关注班集体的共同成长；我们的班级也在成长，受邀参与央视《传奇中国节》的录制，还获得了"青羊区先进班集体""青羊区优秀少年队"等荣誉称号……

尊重孩子天性，引领孩子向阳生长

■ 湖南省长沙市雨花区雅境中学　肖妹芳

◆·········　**班主任简历**　·········◆

肖妹芳，湖南省长沙市雨花区雅境中学教师，湖南省"十佳星城四有好教师"，长沙市首批卓越教师，长沙市骨干教师。荣获全国生命课堂展示一等奖，长沙市古诗文赛课一等奖，湖南省微课比赛三等奖等。2021年，被湖南省推荐参加全国中小学班主任基本功展示交流活动。

◆·········　**班主任宣讲**　·········◆

一、育人理念

叶圣陶先生说："教育是农业，不是工业。"我们唯顺应孩子天性，尊重天性，引领他朝更好的方向发展，才能走出适合自己的向阳生长的道路。

二、班情分析

班级一共有47名学生，男生26名，女生21名。孩子天性都喜欢玩，女孩比较内向文静，不爱表达，喜欢小打小闹；男孩生性活泼，调皮贪玩，对自己的要求不高。处于懵懂青春期的孩子，不知道自己能干什么，会干什么，如何更好地去发展自我。

三、班级目标

以人为本，以学生发展为重，尊重学生天性，满足学生成长需要，促进学生生命自觉，与时俱进，推动学生成为阳光、自信、有爱、有温度且兼具人文情怀的人。

四、实践做法

森林中的每一株草木，顺着天性，才能欣欣向荣。人如草木，也有自己的天性和生长节奏。顺应天性和节奏，人便处于一种自然而放松的状态，感官会打开，会变得更加灵敏，从而富有生机和活力。

我国明代教育家王阳明指出："大抵童子之情，乐嬉游而惮拘检，如草木之始萌芽，舒畅之则条达，摧挠之则衰痿。今教童子，必使其趋向鼓舞，中心喜悦，则其进自不能已。"意思是说：大体上儿童的性情，都喜欢游戏而不喜欢拘束，如同草木刚开始萌芽，舒朗畅适就枝条发达，毁坏阻挠就衰败萎缩。现在教育儿童，我们要使他们向精神振作的方向发展，如此内心喜悦，他们的进步自然不能停止。我们教育，让天性中蕴藏的潜能得到充分发挥，按照自我的节奏努力向上生长。

（一）尊重孩子爱玩游戏的天性，引导他们"进自不能已"

1. 在游戏中拉近彼此的距离

每接手一个班级，我就会给学生布置一项作业：向长辈了解自己名字的由来和背后的寓意；给自己的名字出一个谜语，请其他同学来猜。于是，开学第一天便在精彩纷呈中开启。

这种猜名字的游戏令人印象深刻且兴趣盎然，说者得意，猜者积极，关键是每个孩子在踏入中学大门的第一天，便勇敢地亮出了一个独特而鲜明的自己，宣告大写的"我"的存在。

然后大家一起玩一个找朋友的游戏，在一张卡片上写上自己的姓名、性别、兴趣爱好，投到一个盒子里，最后每人从盒子里抽一个名字，去交流，我们称为"天使朋友"，因为这是上天赐予的朋友，要好好珍惜。大家找到非常好的朋友后开心交流，并相约上台玩一个游戏，如"你做我猜"，在游戏中就拉近了彼此的距离。

2. 在游戏中玩出新高度

有一段时间，我发现班上的学生特别喜欢玩乒乓球，一下课就跑向乒乓球桌。有一天上课的时候，我发现有些同学手里面拿着乒乓球在玩，甚至还有不小心从抽屉里掉出来的，弄得教室里老是有不和谐的声音。我问同学们是不是很想玩，他们说是的，我就顺着他们的提议："那我们就用这个乒乓球好好地玩一次呗。"大家欢呼雀跃。

于是，我带着他们进行了一场乒乓球的联谊赛。回来之后，看同学们还拿着乒乓球意犹未尽，正好地理老师要求他们第二天带一个学具——地球仪，我灵机一动，对他们说："同学们，我们的乒乓球与地球仪都是圆的，可以把手中的乒乓球变成一个地球仪吗？"同学们议论纷纷，然后我发现有的同学在下面比划，还有同学在翻阅地理书。第二天，我发现同学们用乒乓球做成的地球仪一一展示在大家面前，设计之精巧，色彩之缤纷，让我惊叹不已。这样既让他们感受到玩乒乓球的乐趣，又让他们在玩中学到了很多知识，孩子们的班级生活过得充实而多彩。

孩子们喜欢拼图游戏，我就在班上举行中国地图拼图比赛，让他们既了解了中国地形，又对祖国辽阔地域、壮丽河山产生自豪感。

3. 在游戏中发展自我

有一段时间，我发现同学们迷上了玩三国杀。于是，我引领他们通过玩三国杀，去了解三国杀中的人物故事，举行讲三国人物故事比赛，同时让同学们去读《三国演义》。在班级中开展读《三国演义》的读书分享活动，提升同学们的阅读水平，丰富精神生活。

同学们喜欢玩电脑、玩游戏，我就在班里举行基础知识大闯关游戏、PPT比赛游戏、打字游戏、表格制作游戏等，引领他们在玩中学，学会各项基本技能，提升思维品质。

爱玩游戏是孩子的天性。伊斯拉莫斯认为，儿童意味着自由者；王阳明说，孩子"乐嬉游而惮拘检"，不喜欢受拘束和禁锢；丰子恺笔下的孩子无不洋溢着玩耍的乐趣；鲁迅先生说"游戏是儿童最正当的行为，玩具是儿童的天使"。教育的一个巨大秘密，就是用游戏"使其趋向鼓舞，中心喜悦，则其进自不能已"。

（二）尊重孩子爱美向美的天性，唤起他们对美的更高追求

1. 做最美少年

我组织学生举行仪容仪表比赛，引领他们争做最美少年。我们评选出坐姿最美、站姿最美、笑容最美的同学。

我还邀请考上航空大学的学姐来学校给学生进行礼仪培训，他们惊叹于学姐优雅的姿态。学姐浅笑盈盈，告诉他们自己每天头顶一本书，靠墙站立一小时，天天练习咬筷子，进行双腿夹扑克训练等。孩子们立即付诸行动，一段时间后，他们的精气神果然饱满出众。班上的学生也经常受到兄弟班级的邀请，去做礼仪指导。他们渐渐明白，气质是由内而外自然流淌的，犹如自己身上的一件外衣。爱美是孩子的天性，孩子对美的追求，我们不要去压抑，要去引导、发展，唤起他们对美的更高追求。

2. 仪式点亮向美的心灵

教育的意义在于唤醒，仪式感更能唤醒孩子对美的向往。我用心经营着每一个值得纪念的日子，期待孩子们保持一颗向美的心，相信这样成长起来的孩子，未来更有可能把生活变成诗。

我和孩子们一起去感受每个节气中最美的景色，带领孩子们去欣赏校园的一草一木，用我们的平板记录下美好的瞬间。

每逢迎来孩子的生日，我都会组织全班同学为他送上惊喜，听他发表成长感言，并见证他给父母打亲情热线的温情时刻。

为让每一个孩子的状态达到最佳，朝最好的方向发展。每个学期伊始，我都会引导他们定下可以达到的目标，点燃他们的梦想。我们举行庄

严开启"梦箱"活动,让每位同学庄重写下近阶段的梦想,双手郑重投入"梦箱"。

在妇女节、母亲节、父亲节……引领学生向母亲、父亲敬献礼物和鲜花,表达他们的美好情感,让亲情更美好。

中考前夕,我们一起走"成功门",让孩子们更自信地走向中考,考出最理想的成绩。

3. 契约,更是成长向美的守护

从接班开始,我便着手开设"以追慕美好"为主题的系列班会课,以"这是我们的家""学会做人,做一个幸福的人""学会做事,把力所能及的事做好"为篇章。

首先让同学思考:我是谁?我要到哪里去?我想要一个什么样的家?然后讨论:我们需要哪些规则?我们为什么需要这些规则?还有没有更合适的规则?让同学们深入讨论并思考,用核心词概括自己想要的班级环境。很多同学选了"雅"字,我们进一步讨论"雅"的内涵:沉静与柔和,活泼与力量。如何做到呢?同学们继续分享:要雅言、雅行、雅心、雅境。我心头一喜,这正与我们学校的文化高度融合,可以作为班级的精神内核乃至文化图腾。

我们进一步讨论如何做到雅言、雅行、雅心、雅境,经过班级同学反复讨论修改,我们确定了班级公约。

文明有礼,尊重别人。

志存高远,牢记目标。

意志坚强,乐观向上。

严于自律,友爱他人。

学会健体,身心健康。

乐学不辍,品质优秀。

热爱集体,珍爱荣誉。

善于管理,珍惜时间。

明辨是非，爱憎分明。

勇于奉献，满怀感恩。

在规则的契约之花绽放中，学生学会了自我批判、自我思考、积极创建，因而走向更美好的未来。

（三）尊重孩子"需要"的天性，促使他们自己去奔跑

1. 尊重渴望被需要的天性

我让每一个孩子根据自己的特长和喜好，在班级中选择一个适合自己的岗位，大家齐心协力让我们的教室整洁、温馨、充满爱，在他人的愉悦感受和夸奖中收获他人的尊重。

一个男孩不喜欢参加集体活动，与同学渐行渐远，都快要淡出大家的视线了。一次偶然的机会，我发现他在看有关电脑方面的书籍。经过了解，我得知他有一个梦想——当一名电脑工程师。我鼓励他当我们班的电教委员，每当班级电脑出现问题，他总是想各种办法去调试。当问题解决，老师能够正常上课，同学们能够顺利看视频和课件的时候，大家都非常感激他。从此，他成了我们班的电脑专家，有时别的班电脑出现问题时也会来请教他，每次他都尽全力帮忙。因为这些事，他常被同学和老师提起，被拉回到集体的世界，从此他参加集体活动越来越积极，也越来越主动。

渴望被需要是孩子的天性，价值感是一个人的根，被需要是一个人的本，本一旦被强化，就会孕育出无限的生命力，为自己奔跑，无论路边有没有掌声。

2. 尊重孩子需要被看见的天性

尊重每一个孩子需要被看见、被关注的天性，这是对他最大的尊重。

每当看到同事或家长表扬孩子的表现时，我都会让孩子知道，让他亲自品尝被表扬的滋味。或许只是一两句话，但对当事人来说，这是一份沉甸甸的褒奖，能激励他更主动地表现自己。

班级开设"百家讲坛"，嘉宾主要是本班同学，我会请善学的学生介绍

学习经验；请热爱写作的同学上台分享写作经验；请喜欢打乒乓球的同学来介绍他打球的经验……

班级公众号、人人通、QQ群、微信群，都成为展示同学们优点与才华的平台。这一切都是为了让学生感受到自己时刻被看见，尤其是自己光彩的一面。

3. 尊重需要被成全的天性

我为喜欢画画的孩子开画展，为喜欢唱歌的孩子开个人演唱会，为喜欢养植物的孩子开辟专门的绿色场地，推荐喜欢演讲的孩子到大型的舞台上展示风采。

我在班级设立各种奖项，每位同学都能够得到一个光荣的称号。班级不仅评选"十佳少年"，还会评出文明、劳动、友爱、尊师、孝顺、文艺、书写、作文、阅读等各项标兵。

每周五班级都要开展一次心理活动，每位同学写下自己最感谢的人和最欣赏的人，并由我来隆重宣读，于是孩子们越发积极地表现自我，用心地去观察别人。

每个人都希望在别人眼中是最完美的样子。一个人的表现欲里隐含着自我肯定的因子，隐藏着实现自我的积极意念，尤其在青春期，孩子的表现欲会急剧增强，会通过展示自己的与众不同来证明自己的人格和地位，我们为什么不顺着天性体察他们的内心诉求，并加以引导和激励，从而成全他们？

五、特色与成效

"求木之长者，必固其根本。"我坚持做有根的教育，让学生欣欣向荣，灼灼其华。学生由爱玩变得会玩，由向美变得更美，在生动可感的仪式中丰富滋养心灵，擦亮人生的重要时刻，在被需要、被关注、被成全中努力生长，一步步走向生命的更高层次。

创蓬勃班风，育青荷少年

■ 广东省深圳市罗湖外语实验学校　黄镟璇

◆--------　班主任简历　--------◆

　　黄镟璇，广东省深圳市罗湖外语实验学校教师，深圳市罗湖区优秀少先队辅导员、优秀班主任。荣获广东省第七届中小学班主任专业能力大赛综合一等奖，班会设计、成长故事单项一等奖。2021 年，被广东省推荐参加全国中小学班主任基本功展示交流活动。

◆--------　班主任宣讲　--------◆

一、育人理念

　　我秉承"各美其美"的教育理念，充分把握学生个体不同发展时期的身心发展规律和特点，以"荷文化"立班，遵循"深扎根—求发展—共生长"的生命轨迹，以环境打造、活动开展、协同培育、多元评价为途径，助力学生生命的拔节生长。

二、班情分析

　　班级有 50 人，男生 24 人，女生 26 人，来自离异家庭的有 3 人。

（一）文化影响

深圳移民文化鲜明，开明、包容、创新、开拓和进取的特区精神也潜移默化地影响着这些"新深圳人"。生长于斯的学生急需舞台施展，也渴求文化滋养。

（二）个体差异

班级中不乏受父母成功典范影响的学子，有的勤奋好胜、多才多艺；也不乏因父母教育缺位，疏于陪伴而养成不良习惯的孩子，有的迷恋游戏、得过且过。班级需要明确成长方向。

（三）身心特点

由于初中学生正处于青春发育期和心理闭锁期，一方面自身成人意识和独立意识增强，另一方面又渴望得到他人的关注和引导。爱与归属需求、尊重与自我实现需求迫切需要得到满足。

三、班级目标

形成既适合知识学习又有利于人格健康成长的教育情境和文化氛围；尊重个体差异和个性需求，为所有学生创设适合发展的成长路径；多方面开启生命个体的生态智慧、意识、能力，提升师生的生命境界。

四、实践做法

（一）七年级：构建有序有爱的环境

荷是水生植物，根植于稳定温暖的平静浅水。这些新入中学的"小荷"，只有在有序的生态环境中获得归属感，才会尚德守规；只有在有爱的生长氛围中获得情感联结，方能身心健康。为此，我开展了两大工程：双轨管理制和家校共同体。

1. 双轨管理制，构建有序环境

我们青荷班有两套并行的管理体系：一是"定岗轮岗制"，一是"青荷银行制"。

"定岗轮岗制"以班级共同价值为取向。每个学生完成职前剖析"5W1H"（见下表）后上台竞聘演讲，家委会和学生代表做评委，最终确定每个人的对应岗位，实现人人定制岗。此外，我们还设置值日班长，让学生按照学号轮流担任，辅助班长工作。

职位因素	自我对照
Who	我是谁？我有哪些能力、潜力和特长？
What	工作职责是什么？什么岗位最适合自己？什么才是自己应该脚踏实地要做的事？
Whom	班级自主管理的要求是什么？如何努力才能超越要求？
Why	我为什么选择这个岗位？这个岗位对于我的意义是什么？
When	班级工作任务要求在什么时间完成？我能否高效完成任务？
How	我怎样把工作做好？怎样努力才能做到最好？

"青荷银行制"以个体发展需求为视角。学生在讨论交流、产生共鸣的基础上，把发展过程中的优秀行为习惯修改整理为"存德机制"，再设置理想座位卡、理想同桌卡、美味早餐卡等各种"拍卖品"作为"报德机制"，并通过一月一次的"报德拍卖会"，用学生喜爱的方式进行过程性评价。

双轨管理制不仅让班级管理从各司其职走向和谐发展，更关注到生命个体的成长，将外在的规范内化为学生的行为习惯。

2. 家校共同体，润泽有爱氛围

苏霍姆林斯基说："只有学校教育而没有家庭教育，或者只有家庭教育而没有学校教育，都不能完成培养人这一极其艰巨而复杂的任务。"青荷班着力打造家校共同体，为家庭和班级共同创造了一个自然的良性教育生态。

通过家校互学共生，学生在有爱的氛围中阳光自由地发展，形成正态循环。

（1）家校课程蕴智慧。

迈入初中，许多家长对孩子的变化感到束手无策，他们不知道如何和孩子沟通。要引导孩子健康成长，家长就要树立科学的教育理念。由此，我开展问卷调查，掌握学生家长的文化程度、家庭类型、家庭教养方式等，便于分析每个学生的成长路径，帮助家长厘清孩子成长中的困扰。同时，设置符合学生身心发展规律的三类家校课程——沟通、理解和互信（见下表）。

课程类别	课程主题	课程内容
沟通	家有初中生	帮助孩子完成小升初衔接
	改变从您开始	采用适宜的教育方式对待初中生
	做不唠叨的父母	做善于沟通的父母
理解	开启知"性"话题	青春期两性教育
	加强情绪管理能力	帮助孩子正视情绪波动问题
	正确与同辈交往	引导孩子把握与异性交往的尺度
互信	为孩子的一生健康奠基	做好后勤保障工作
	乐学更高效	提高孩子学习兴趣
	缓解考前焦虑	帮助孩子缓解升学焦虑心理

"沟通"课程旨在帮助家长建立良好的亲子关系；"理解"课程旨在指导家长认识并引导孩子身心健康发展；"互信"课程旨在帮助家长转变视角，把成长问题变为成长契机。每学年侧重一个主题，提升家长的家庭教育指导能力。

（2）网格小组齐育人。

家长资源是重要的课程资源，不同家庭的教育经验具有差异性，如果能够互相取长补短、择优利用，就可以弥补家长们在教育思维方式上的局限性。

我按照学生的家庭住址、兴趣爱好、学习习惯等划分多个家长网格小组，借助 QQ 群等定时召开网格小组会议，举办线上沙龙活动。网格小组会议主要解决相同类型学生的共性问题，教师是引导者，家长是组织者和问题解决者；线上沙龙活动则围绕教育类话题，由家长讲述自己的教育故事或进行经验交流，结束时请负责主持的家长整理成文，强化学习，挖掘家庭教育的潜力。

（3）亲子打卡共行动。

利用微信小程序，我们组织假期"五打卡"活动："亲子运动"——父母和孩子一起参加一项体育运动，"亲子家务"——父母和孩子分工完成家庭事务，"亲子共读"——父母和孩子共同读一本名著并分享心得，"亲子练字"——父母和孩子一起练习硬笔书法，"亲子家书"——父母和孩子相互给对方写一封信。

"亲子运动""亲子家务"让家庭成了习惯养成和劳动教育的重要实践课堂。阅读名著和练字是初中生的必修课，让家长和孩子成为"同桌挚友"，从而增进理解。打卡活动以"亲子家书"为终点。在一节班会课上，我邀请部分学生和家长为对方朗读家书，真情流露的语言感动全场，亲子关系走向平等、尊重。

通过开展双轨管理和家校共同体活动，学生变得自省、温暖，满足了爱与归属需求，成长为尚德守规、身心健康的优秀学子。

（二）八年级：激发个体生命动能

初中是青春期的初始阶段，学生们面临着建立自我认同和与人正确交往两大成长难题。荷茎内心通达，荷叶宽厚包容，活力共生的茎叶文化有益于激发生命体的内在动能。

1. 临水照镜，"四镜"助修身悦己

学生慢慢适应初中生活后，我通过"四镜"主题活动指导学生着力发现自己的优势与潜能，完善自我内在的心智。

（1）"望远镜"树榜样。

新学年伊始，我邀请往届优秀学子返校分享成长感悟。冯同学刚刚考入理想高中，她分享了"利用碎片时间""重视基础题"等学习诀窍；柳同学是我 2014 届学生，他讲述了自己深三度烧伤后积极追梦的故事，虽然在成长路上因外貌遭遇了许多异样眼光，他依旧秉持坚强乐观精神，积极学习踢足球、朗诵、演讲等，并在许多比赛中崭露头角，他还利用暑假时间参与志愿服务达 130 个小时。

（2）"平面镜"疏困扰。

青少年对异性交往充满好奇，但并不清楚何为健康的异性交往；同时，他们敏感而羞涩，不乐意师长通过说教或指正的方式谈及此话题。于是，我在班级定期开展"男生会""女生会"，内容涉及青春期的各类话题：爱情观的分享、性侵与自我保护、男女的成长差异、男女的社会责任、男女的家庭角色……帮学生们顺利度过成长的"尴尬期"。

（3）"放大镜"展风采。

青荷班很多学生有艺术特长，但在平时的学习生活中似乎"无用武之地"，他们不是不喜欢，而是缺乏展示的舞台。艺术教育能够帮助学生树立正确的审美观念，陶冶高尚的审美情操，因此，我充分利用学生已有的特长和兴趣点，设计符合学生实际情况的"放大镜"活动，包括"金牌读书人"阅读会、青荷班达人秀、青荷舞台剧表演等。这些活动让每个人都看到了自我价值。

（4）"后视镜"助学习。

初中生的心理负担和压力主要来自学业。随着知识学习渐渐深入，学生特别是后进生容易在面对学习任务时产生消极体验。如何真正帮助学生减负呢？我把学科内容简化，化整为零，每周一次的单词拼写小赛、古诗默写小赛等让后进生增强了学习成就感；组建"导师—学霸—徒弟"三级教研组，一个科任老师带四个学霸，一个学霸带四个徒弟；勤学从好问开始，填写每日一问记录卡，每位学生每天都有新的收获。青荷班的学习氛围不断高涨。

2. 众荷亲和，"三和"促宽厚爱人

如果过分关注自我，就会产生以自我为中心、不擅与他人相处和自制力较差等问题。对此，我从更深层次的德育共生共长去考虑，组织"三和"

主题活动，促进学生悦纳他人，提升社会素养。

（1）"国王天使"促和谐。

师生之间的信任和理解能促进班级形成宽容和善的风气。谈心是师生情感交流的传统途径，但从教育实践看，戒备心理很难让学生真正打开心门。于是，我在班级里开展了"国王天使"活动：师生抽取要关心的"国王"名单，匿名扮演彼此的"守护天使"。老师暗暗关心帮助抽到"国王"的学生，建立"回音壁"对学生开放心灵邮箱；学生在抽到的"国王"老师课堂上表现积极，在生活上关心老师。一个月后，揭晓名单并举行感恩会。全体科任老师和学生都沉浸其中，获得和谐体验。

（2）"亲和部门"促和睦。

青春期的学生内心渴求获得群体归属感，但很多学生不懂得换位思考，也不会合理表达。于是，我在班级岗位中设立"亲和部门"，当生生出现矛盾时，有调解官帮忙解开心结。同时，我邀请心理老师作为部门顾问，助力开展青春期心理系列班会，教会学生交往技巧，增强学生的人际交往能力和班集体凝聚力。

（3）志愿服务促和暖。

培养合格的社会主义建设者和接班人是教育的根本任务，这就要求学生关注社会，具备社会责任感。基于深圳大力推动的"志愿者之城"建设，青荷班组织学生到孤儿院、养老院慰问，走进社区成为U站小帮手、绿道环保卫士……在担任义工的过程中，学生获得合作、高效、友善处理问题的社会性体验，也感受到社会的和暖。

（三）九年级：多面提升生命境界

学生有了有序有爱的生长环境，心理发展也趋于稳定。在此基础上，我们要助力班集体提升文化底蕴、生活热情和信仰高度，助力学生实现生命的永续成长。

1. 激发学习力，厚实文化底蕴

学生的求知欲、学习兴趣、提高自己能力的愿望等内部动机因素是促

进学生发展最持久、最深沉的力量。我通过"青荷古今讲坛"和"以赛促学"两个系列活动帮助学生突破自我，厚实文化底蕴。

"青荷古今讲坛"由学生自行选择主题，查阅资料，进行研究，整理思路，在班级进行分享展示。学生选择的主题涉及传统文化、科技探索、热点时事，等等；展示形式包括 PPT 展示、视频展示、实际操作等。学生人人参与，精心准备，旁征博引，从多角度提升了思维深度和广度。

比赛过程的比学赶超氛围能进一步满足学生的自我实现需求，为此班级推出"以赛促学"活动，鼓励和引导学生参加校内外各级各类比赛——科技、法治、征文、体育竞技……老师动员参与，邀请专业人士培训，小组合力打磨，学生在活动中突破自我，自我价值得以体现。

2. 增强生命力，获取劳动智慧

青荷班在洪湖聚荷园建立了劳动实践教育基地，结合荷文化开发了二十四节气劳动课程（见下表）。

节气	课程主题	课程内容	成果形式
立春	种植课程	洪湖聚荷园里有 300 多种荷花，每位学生认领属于自己的荷，选择独一无二的品种，进行水培种植，培育庄重心。	种植记录册
夏至	烹饪课程	荷茎为藕，荷果为莲，班级开展厨艺争霸赛，每道菜肴都以"荷"为主题，丰富营养知识，培育敬畏心。	"荷"主题菜肴
秋分	思政课程	"荷"你同心，为国祈福。为海外游子寄出健康包诗句，唱响爱国忧民的远大理想，培育爱国心。	爱国组诗
冬至	读写课程	书写赞荷对联，诠释"荷"之核心价值观，培育诗意心。	原创对联
大寒	手绘课程	九九数寒日三省，师生共绘"九九数荷图"，每日学生自我总结，连画九个九天，培育妙悟心。	活动记录

我们将课堂搬进大自然，让学生通过学习节气文化，体验春耕秋收，唤醒潜藏在内心深处的生命智慧，让劳动光荣的精神成为铿锵的时代强音。

3. 提升规划力，促成自我发展

在信息大爆炸的时代背景下，培养学生探索自我以及提升职业生涯规划能力已经成为社会和个人共同的需要。于是，青荷班开展了以下活动：每位学生利用网络搜集资料，设计自己的理想大学海报；引进校友或家长资源，开展职业访谈讲座；召开模拟招聘会，邀请专业人士担任招聘官，学生现场体验。

通过活动，学生们了解了不同职业，提高了职业认知和兴趣，开始制定终身学习和生活愿景目标，为将来的事业奠定基础。未来，他们不再是只会读书的人，而是有能力追求幸福生活的人。

五、特色与成效

经过三年的班级建设，青荷班的每个"小荷"都绽放出属于自己的别样青春红。"世间万物，或如荷花，或如橘柚之花，皆各有其芳香郁烈，而我是那多事的风，把众香气来作四下播扬。"我将继续我的生活关怀之旅，引导每一位学生不断探索价值，精进素养，拥有鲜活的生命张力。

于无声处育幸福，石榴籽般紧相拥
——"幸福教育"引领下的内高班级建设

■ 天津市第四十五中学　魏山

◆········· 班主任简历 ·········◆

魏山，天津市第四十五中学教师，河东区骨干教师，河东区师德先进个人。荣获天津市第四届中小学班主任技能大赛一等奖。2021 年，被天津市推荐参加全国中小学班主任基本功展示交流活动。

◆········· 班主任宣讲 ·········◆

一、育人理念

"内高班"全称为内地高中班，其目的是使新疆少数民族学生在内地接受更好的高中教育，将来为祖国服务。刚接内高班时，我就在想：如果班级管理工作能让远离家乡的孩子们时时处处感受到幸福，该有多好啊！反复思考后，我决定把"幸福教育"作为带班育人理念，以更好地践行党和国家关于民族团结教育的要求和实现育人目标的达成。

二、班情分析

我所带的内高班的孩子来自距离天津 3000 多公里的新疆。远道而来的他们，首先要面临的是陌生的学校、陌生的城市、陌生的习俗和陌生的气候。

新疆面积很大，约占全国陆地总面积的六分之一，这使得来自新疆多个地区和 8 个民族的孩子们彼此之间的个体差异非常大。他们有着不同的民族文化背景、教育背景和家庭背景。

学生十六七岁，正处于懵懂青春期，同时也是他们人生观、价值观形成的关键阶段。他们懂得 56 个民族是个大家庭，但对民族团结重要意义的理解比较朦胧。

三、班级目标

习近平总书记强调："像爱护自己的眼睛一样爱护民族团结，像珍视自己的生命一样珍视民族团结，像石榴籽那样紧紧抱在一起"。民族团结进步教育是爱国主义教育的重要组成部分，这也是内高班班主任的首要任务。结合班级具体情况，我制定了如下三条育人目标：

第一，建设民族团结特色班级文化，培养学生感知幸福的情感和能力。

第二，通过浸润爱国、民族团结思想，让学生真切地感受到党和国家的温暖和关怀，深刻认识到幸福出自团结，从而树立正确的民族观和家国情怀。

第三，采取措施激励班级与学生成长，建设一个幸福和谐的班集体，让学生在其中真正理解民族团结的意义并获得创造幸福的能力。

四、实践做法

我出生于四川山区一个普通的教师家庭。记忆中，一颗普通的糖果会让我幸福好一阵子。幸福来自个体的感受，离不开所处环境。如今，我已成为一名光荣的人民教师，三年的新疆内高班班主任工作，让我对幸福有了更丰富、更深刻的认识，于是，便有了我新疆内高班的带班育人方略——"于无声处育幸福，石榴籽般紧相拥"。

（一）营造幸福班级氛围

营造幸福班级氛围的前提就是建设幸福班级文化。

1. 拉近距离，亲情感化

第一次与孩子们见面，我以一首歌曲《和谐新疆》的即兴演唱拉近了师生距离。我给孩子们讲自己的奋斗故事："13 年前，我和大家一样初到天津，难免陌生与焦虑，在很多人的关心与帮助下，我很快适应了新环境，如今我都可以用天津话给大伙儿说相声了。"听到这里，孩子们原本神色拘谨的脸上开始有了笑容。从此，每次的外出实践活动，我都全程陪伴；我每周至少进一次宿舍，随时了解孩子们的生活情况和思想动向。孩子们感受到关爱的氛围。

2. 建档记录，激励成长

远道而来的孩子们，面对环境的诸多变化，首要任务是适应。第一次班会课后，我带领他们制定了"改变，从今天开始"的个人规划，孩子们在规划中纷纷表达了要改变自己以适应新环境的决心。新疆娃们多才多艺，我鼓励他们勇敢走上舞台，参加各种表演；孩子们身体素质普遍较好，我建议他们积极参加运动队，锻炼身体，为集体争光。在大家热烈的掌声和赞赏的目光中，孩子们变得自信、开朗，渐渐忘掉了新环境的不适。我将所有成长片段以照片或者文档的形式记入我为每个学生制作的"成长档案"之中，记录下他们的点滴成长。孩子们可以自行查阅自己的档案，及时反思和总结，积累成长经验。孩子们感受到健康成长的氛围。

3. 齐心协力，共创氛围

班级管理，我遵循马斯洛需求层次理论，满足学生自我实现的需要，把班级常规管理还给学生。我鼓励学生积极为班级管理建言献策，班长想到了每日在黑板上方抄录一则名言——"社会主义是干出来的，幸福是奋斗出来的""士不可以不弘毅，任重而道远"等；纪律委员针对纪律问题创作了宣传画《入室即静，入座即学》。这些举措在默默地感染和熏陶着大家，可谓"润物细无声"！

相比本地班，内高班的班委承担了更多的管理工作，除了日常的班级管理，他们还有宿舍管理、外出实践管理等诸多工作。为此，我摸索出"民主自荐—临时班委—定期述职—民主竞选"的班委选举模式。这种模式下产生的班委在同学们中间更具有威信，更能让他们在面对繁重的管理工作时，实现高效。

我启用班级量化管理制度，由班委会制定细则，对学生的各项操行表现进行评分，学期总分将作为评优、操行评级、入团等的依据之一。公平高效的量化制度，满足了来自新疆多个地区、8个民族的孩子对"公平"的特别需求。孩子们感受到了民主、公正、自律的氛围。

我开展生涯规划主题班会，让学生学会了解自己、了解职业、了解社会，学会规划自己的人生；我们共同在教室设立了心愿墙——"我的天津梦"，孩子们确立了自己理想的大学、专业和职业，并将其贴在墙上，时刻提醒自己为之努力。通过生涯规划教育，学生在新高考选科过程中目标明确，不纠结。就这样，班级常规管理基本可以由学生自己负责，学生也感受到了自身的价值。

（二）浸润爱国团结思想

浸润爱国团结思想，就是要让学生深刻认识到，幸福出自团结，先有"大家"的幸福，才可能有"小家"的幸福的道理；浸润爱国团结思想就是要在学生的"三观"尚未成形时，扣好人生第一粒扣子，这也正是坚守我们教育人的初心：为党育人、为国育才。学生爱国情感的培养不能仅仅是一句口号，应该渗透在平日里的育人工作中，让学生真切地感受到团结的力量，感受到党和国家的关怀，这样他们的爱国之情才是发自内心的。

1. 家校联合，亲如一家

我利用信息网络与家长建立沟通渠道，定期与家长们沟通情况；通过召开主题班会、家校联合线上生日会等活动，让跨越3000多公里的亲情萦绕在孩子们身边，让孩子们感受到天津、新疆并不遥远，亲人就在身边。

2. 特色班徽，凝心聚力

开学一段时间后，我郑重提出班徽设计要求，并明确了几点原则。最终方案是由全班讨论，集思广益，合作完成的。班徽正中间造型为"12"的帆船，代表着12班；帆船下面的河流，代表天津的母亲河——海河，寓意海河承载着12班扬帆起航；班徽左边的葡萄藤和葡萄代表新疆，右边的麦穗代表内地，它们同根相连，寓意新疆与内地

同根而生；帆船的造型12，12颗葡萄，2片葡萄叶，23颗麦粒，这些数字加在一起，正好等于班级人数49。学生还悄悄告诉我，海河的"S"造型代表班主任，是我名字"山"的第一个拼音字母。班徽上色阶段，葡萄、葡萄藤、麦穗、河流这些颜色都好确定，但是帆船用什么颜色，大家还存在异议。最后，历史课代表逊哈尔突然激动地说用红色，同学们问原因，逊哈尔说："红色的船正好体现红船精神！"同学们茅塞顿开，都表示赞同。于是我们就确定了船的颜色用红色。我猛然发现，原来爱国团结思想已然在孩子们心中静静萌发，孩子们已经将我与他们，将天津与新疆，将各民族融为一体！

3. 精准帮扶，共同进步

在学习上，每次成绩分析会，除了常规的成绩分析和表彰以外，我采用精准帮扶的方式，设立学习帮扶对子，不放弃任何一个同学。在生活上，我详细了解、精准把握学生家庭情况，我发现有的学生家庭特别困难，但是出于害羞，没有主动申请捐助。于是，我召开班会，让孩子们正确认识和对待捐助：家庭贫困不必掩饰，不用自卑，这恰恰是我们努力学习的动力源泉；申请捐助也不必害羞，不过一定要懂得感恩，要知道是党和国家给了我们这些优惠政策，是爱心人士们助力我们的成长。将来有能力了，我们一定要回报党和国家的恩情、社会的温情，将爱心传递下去。就这样，家庭困难的孩子们放下了思想包袱。我们也将每一份国家资助、民间捐助

送到了最需要的学生身边，让孩子们真真切切地感受到了来自党、国家和社会的关怀。

（三）激励幸福班级成长

激励幸福班级成长，是为了实现"幸福教育"最终目标：让学生获得创造幸福的能力。心灵的幸福才是真正的幸福，作为班主任，我关注学生的心理健康问题，为此，我采取了四项措施。

第一，为了及时了解学生的心理状况，我布置了心理成长周记作业，我会仔细阅读并在每篇周记的后面给予建议和鼓励，对问题较严重的学生，我会私下和他及时沟通，防微杜渐。

第二，在班里设立"幸福心灵"图书角。我和孩子们共同为之增添了心理健康方面的图书和杂志，孩子们通过主动了解心理健康方面的知识，掌握了一些自我诊断和调节的方法。

第三，定期组织学生参观学校的心理健康辅导中心，学生可以主动跟心理老师交流，在心理教室进行心理检测、焦虑放松和负面情绪的发泄等。学生都说，每次从心理健康辅导中心出来之后都感觉心情好了很多。

第四，习近平总书记曾说："历史是最好的教科书。对我们共产党人来说，中国革命历史是最好的营养剂。多重温我们党领导人民进行革命的伟大历史，心中就会增加很多正能量。"习总书记的话启发了我：中国共产党在内忧外患中诞生，在磨难挫折中成长，在攻坚克难中壮大。党史学习就是最好的心理健康教育啊！由此，我组织了"讲党史故事"演讲比赛、"四史"知识竞赛等。在活动中，孩子们兴趣盎然，阅读了很多革命故事。我还组织学生开展"重走长征路"实践活动。我们师生一起换上红军军装，以整齐的队伍走过了约4千米的"长征路"。活动后，学生写下了这样的话："在亲身体验了长征的艰苦之后，才发现跟革命先烈们的经历比起来，我目前心理上的一点困难是何等地微不足道！"重温党史，给学生带来了莫大的能量。

四项心理调节措施，协调联动，让学生能怀着一颗健康幸福的心灵去创造幸福。

五、特色与成效

在幸福教育的浸润下，孩子们能处处感受到关爱，感受到党和国家的亲切关怀。他们渐渐地喜欢上了班集体，喜欢上了校园，喜欢上了天津，来天津不到一个月，就有好几个孩子私下对我说：已经没有像刚来时那么想家了。孩子们开始变得更加阳光，树立了理想，制定了规划，在公正、民主、自律的班级制度下为梦想奋斗。孩子们认识到幸福来自团结，所以班里同学之间很少发生矛盾；他们理解了民族团结的意义，班徽设计的过程体现了孩子们的文化认同感，文化融合的愿望在增强。

通过践行"幸福教育"的带班育人方略，我在事业中体味着幸福，学生在交流、交往、交融中体验着幸福，而班级在团结、凝聚、融合中诠释着幸福。我们在幸福的班级氛围中感知到了幸福，我们深知幸福来源于何处，并且学会了如何创造幸福。我们在中华民族大家庭的幸福中，真正理解了民族大团结的意义。我们相信中华大地上的 56 个民族，永远会像石榴籽那样紧紧地、幸福地拥抱在一起！

第二辑

思政育人

以社会主义核心价值观引领班级建设

■ 天津市实验小学　秦薇

◆‥‥‥‥‥　班主任简历　‥‥‥‥‥◆

秦薇，天津市实验小学教师，高级教师，和平区师德先进个人，和平区学科带头人，和平区骨干班主任。所带班级多次被评为市级优秀班集体、区级优秀班集体，被授予"红旗中队""雷锋班集体"等称号。

◆‥‥‥‥‥　班主任宣讲　‥‥‥‥‥◆

一、育人理念

习近平总书记指出："核心价值观，其实就是一种德，既是个人的德，也是一种大德，就是国家的德、社会的德。""如果一个民族、一个国家没有共同的核心价值观，莫衷一是，行无依归，那这个民族、这个国家就无法前进。"坚持育人为本、德育为先，围绕立德树人的根本任务，把社会主义核心价值观纳入少年儿童的思想教育中，带动引领他们继承光荣的革命传统，弘扬新时代的革命精神，树立报效祖国的远大理想，是我一直努力的方向。少年儿童是社会主义事业的接班人，未来肩负着建设祖国的重任。关注少年儿童，以社会主义核心价值观铸魂育人，可以帮助他们从小树立正确的价值观、人生观和世界观，树立感党恩，跟党走，争做新时代好少年的理想信念。

二、班情分析

小学阶段是价值观形成的萌芽期，价值取向形成的关键期，思想品德渐进的成长期。随着经济的发展，社会文化环境日趋复杂，思想多元化碰撞，这既给小学阶段学生成长、发展提供了有利条件，也使得这一特殊群体面临着多元价值观认知的巨大挑战。小学阶段的少年儿童热情、活泼，容易接受新鲜事物，对自己感兴趣的内容愿意细致研究，并且会在实践探索中产生成就感，从而更加推动对事物的探究和追寻。社会主义核心价值观蕴含着党和国家的方针政策和发展目标，将其渗透在小学生思想教育中，能够帮助他们树立正确的理想信念，促进个性品质的完善，真正做到立德树人，"五育并举"。

三、班级目标

以培养全面发展的合格的社会主义建设者和接班人为育人目标。坚持以学生为本，理论联系实际，量身制定班级建设各项方略。以班级活动为载体，循序渐进地开展丰富多样的活动，把社会主义核心价值观个人层面的"爱国、敬业、诚信、友善"概念具体化、事例化、生动化、榜样化。用心、用爱、用情、用力，唤醒、浸润学生生命价值培养，鼓励学生在小组合作、实践探究中自主建构，将社会主义核心价值观蕴含于班级生活细节中，使之成为小学生日常学习生活的基本遵循，从而将社会主义核心价值观内化于每一个学生的生命里，形成自己的理想信念和奋斗目标。

四、实践做法

2014年，习近平总书记在中共中央政治局第十三次集体学习时强调："一种价值观要真正发挥作用，必须融入社会生活，让人们在实践中感知它、领悟它。要注意把我们所提倡的与人们日常生活紧密联系起来，在落细、落小、落实上下功夫。"在班级教育活动过程中，我注重从学生的"履历情境"出发，为学生的发展创造多种可能的情境，让学生在情境中去体验，感受社会主义核心价值观的深刻内涵。实践"六融入"，落实"小中做起，细处要求，积极践行"，让社会主义核心价值观贯穿班级德育全过程。

（一）把社会主义核心价值观融入班级文化建设

班级文化是班级成员共同的信念、价值观、态度的复合体。少年儿童的主要学习和活动都是以班级形式进行的，班级文化对他们的影响与引领是无声的，在什么样的环境中浸染，学生就会形成什么样的审美和思想。让班集体成为学生精神的家园，赋予班级一定的社会主义核心价值观文化教育，让学生对社会主义核心价值观的字面呈现到内涵理解，经历"入耳—入脑—入心"的过程，增强环境育人的功能，能够在潜移默化中教育引领学生。

1."一个确定"

"一个确定"：确定将学生培养成为班级文化建设的小主人。从环境卫生、环境布置、微晨会、班级阅读、班班唱、班班诵等各个环节，培养学生的主动参与意识和责任担当，使每一位学生变被动接受核心价值观教育为主动，在实践活动中浸润感受。

2."两个建设"

一是制度文化建设：在规范班级基础上，以社会主义核心价值观为引领，借用文化墙、微晨会、班级阅读开展中华优秀传统文化教育。在良好的班级氛围中，形成和谐、友善、诚信的班级文化。

二是精神文明建设：在主题班会、队会等活动中，以润物细无声的方式，引领学生自觉践行社会主义核心价值观。

3."三个维度"

"三个维度"包括优化班级文化育人作用、形成"家校共育"的育人环境、发挥班级师生榜样示范作用。营造班级学生道德情感体验氛围，实现道德认知过程和情感过程的有机融合。

4."四项评比"

"四项评比"为优秀班集体评比、星级班集体评比、优秀学生评比、文明学生评比。借助评比促进学生成长，促进班级文化建设。

（二）把社会主义核心价值观融入班级管理制度

为全体学生搭建自主管理平台，建立全员参与的班级自主管理机制。为了树立学生班级小主人的意识，我们共同制定班级公约，实行"值日班长"轮换制，"人人岗位"自觉管理制等。遵照在集体中为了集体的原则，做到制度有力度，管理有温度。

在"人人岗位"活动中，以学生自愿报名和统筹安排相结合的方式，帮助学生设立"图书管理员""开关负责员""黑板清洁员""通风监督员""上课提醒员"等丰富有趣的岗位，让每一位同学都能感受到自己的重要性，并在负责管理的同时做到自我约束，真正将自己看作班级小主人，努力维护班级荣誉，力所能及地为班级作贡献。在"制度守护"中，鼓励学生形成民主、科学、平等、发展的班集体，培养他们热爱集体、敬业、担当、诚信、友善的品质。

（三）把社会主义核心价值观融入红色文化课程

红色文化课程立足生命教育，紧跟国家发展和德育教育实际需求，通过班级、社团、家庭等多维度的形式开展教育。我们开设"走进英雄"、"我们同根同源"、红领巾讲党史、亲子观影、劳动实践等课程，紧随时代脉搏，培育学生树立为社会创造更大价值与幸福的核心价值观。

红色课本剧"走进英雄"课程中，我班从精神谱系中选取五四精神、红船精神、抗战精神、抗美援朝精神、"两弹一星"精神、红旗渠精神、载人航天精神、青藏铁路精神、科学家精神、探月精神、新北斗精神为教育支点，纵向以历史发展为主线，以"支点"中典型的人物、故事作为教学载体，横向形成主题板块，以此构建起课程体系。

我们坚持利用"大思政"理念，借助红色影视资源，打造品牌课堂。引导学生从英雄精神背后的思想内涵和时代价值中，体悟中国共产党为实现中华民族伟大复兴践行初心、担当使命的精神，领悟中国共产党为什么"能"，从心底萌发做社会主义建设者和接班人的美好愿望。

（四）把社会主义核心价值观融入主题教育活动

主题教育活动，是落实社会主义核心价值观教育的主阵地。以国家重要节日、纪念日和学校节日为经线，以国际、国家、社会、校园重要事件为纬线，定期展开活动。

学习雷锋周里，我组织开展学习雷锋主题班队会、学雷锋做奉献活动。让高年级同学成立学习雷锋志愿小分队，与低年级同学结对子，宣讲雷锋精神，学习雷锋精神；参加网络宣讲，争做雷锋精神宣讲员；走出课堂，走进社区，制作雷锋精神宣传展板，帮助社区清理卫生，维护社区环境……在一系列的学雷锋活动中，学生身体力行，真切感受奉献的快乐，坚定向英雄学习的信念。

每年的烈士纪念日，开展红色家书诵读、红色影视观赏、红色故事演讲等活动。让刑场就义、视死如归的英烈故事，身陷囹圄、不改其志的英烈故事，赴汤蹈火、鞠躬尽瘁的英烈故事，感动学生真挚的心灵，让爱国情怀根植在学生心中，帮助他们树立远大的理想，坚定向英雄学习的信念，继承革命优良传统。

（五）把社会主义核心价值观融入家校协同共育

推进学校、家庭和小学生价值观教育"一体化"，达成"家校合力"最大化的育人目标。加强"家长委员会"的领导，开展丰富的家校共育活动：家风教育、亲子阅读、亲子创客、亲子运动会、家庭劳动教育等。在多样化活动中，增进家校情感、增强家校协同育人的共识，达到同频共振。协助家长营造民主、和谐、平等、友善的家庭关系，遵守自由、文明、诚信的准则，引导学生从生活小事做起，从道德细节做起，落实社会主义核心价值观教育。

（六）把社会主义核心价值观融入学生游学课程

针对班级学生成长问题、社会热点问题，依据新时代核心价值观育人要求，科学有效地创设生动、丰富的游学实践活动。游学实践活动打破学科界限，学科间交融整合，共同为主题服务，活动内容、形式丰富，知行合一，学习充满趣味。通过学农实践、学工实践、公益实践等，为学生拓宽体验感悟的时间、空间，在融合中实践、组合中实践、特色中实践，帮助学生提高社会化能力，践行社会主义核心价值观。

我借助红色教育基地，让学生行走在纪念馆和博物馆中。党史馆、烈士陵园、革命旧址、名人故居等红色资源是党和国家的红色基因库，小到一针一线，大到一枪一炮，每一个事物背后都有一段光荣的历史、精彩的故事；每一件革命文物、每一个红色故事，都是社会主义核心价值观的生动教材。通过展示台所陈列的物品，历史墙上悬挂的真实照片，学生从饱经历史沧桑的斑驳文物中感受红色革命战争时期的血雨腥风，接受生动的爱国教育。

五、特色与成效

立足小学班级教育，以社会主义核心价值观"六融入"落实班级建设，构建起社会主义核心价值观在班级落细、落小、落实的实践应用体系，形成了稳定的、充满活力的班级思想道德工作格局和生动局面。"六融入"各项活动形成了一条价值观教育主线，达成了"三全育人"教育体系。24字价值观内涵教育，渗透在文化建设里，落实在学生点滴言行上，彰显在精神面貌上，为学生播种下人生信仰的种子，促进了学生全面发展。

传承红岩精神，赓续红色基因

■ 重庆市人民小学　黄颖

◆-------- 班主任简历 --------◆

黄颖，重庆市人民小学教师，渝中区先进德育工作者，渝中区优秀共产党员，南岸区五星级班主任，南岸区优秀少先队辅导员。在重庆市第九届中小学班主任基本功大赛中荣获特等奖。2021 年，被重庆市推荐参加全国中小学班主任基本功展示交流活动。

◆-------- 班主任宣讲 --------◆

一、育人理念

每个人的人生底色都来自童年经历，我希望自己能成为照亮孩子童年生活的一束光。我将学校"好奇、勇敢、责任、荣耀"的办学愿景融入班主任工作目标中，努力继承和发扬学校优良革命文化传统，以红岩班为载体，传承红岩精神，赓续红色基因，这就是我的育人理念。

二、班情分析

目前我所带的班级，家长多为听着红岩故事、唱着红岩歌曲成长起来的"80 后"。但随着家庭教育的目标和方式的多元化，很多家庭逐渐忽略了家乡的山、水、名、物对儿童品格塑造的重要意义。因此，提到红岩精神，学生们几乎一无所知。现在的很多小学生在低年级时不会劳动，事事依赖他人；到了中年级，逃避困难，没有上进心；进入高年级，又极易陷入各种"圈子文化"，进入精神的荒漠期。

三、班级目标

以红岩班为载体，以红色文化浸润为根柢，以红岩精神为导向，以主题活动为抓手，以特色评价为牵引，塑造有红色基因的时代新人，将红岩精神一代一代传下去。

四、实践做法

我的家乡重庆是一座拥有深厚革命文化传统的"红色之城"，我所在的学校也是一所具有优良革命文化传统的学校，刘伯承元帅、贺龙元帅、卓琳校长等老一辈无产阶级革命家在这所校园里留下了宝贵的精神财富。如此丰富的红色资源正是对学生进行理想信念教育的活的红色教科书。

（一）创设"红岩少年说"系列课程，带领学生寻根探脉

传承红岩精神，赓续红色基因，就要把红色文化融入学生的生活，因此，我们创设了"红岩少年说"系列课程，带着学生走入城市去寻根探脉。

1. "红岩少年说"行走课程

为了带领学生们深刻解读城市红色文化，我们打造了全方位、立体化的行走课程，以"英雄人物我知道""战火中的城市""不断奋进的身影"为主题设置了 12 条行走路线，让学生在行走课程中体验城市红色文化的厚度和温度。

"红岩少年说"行走课程具体如下：

年段	主题	内容
低段	英雄人物我知道	一生跟党走的元帅——走进刘伯承元帅纪念馆
		烈火真金铸英雄——走进邱少云烈士纪念馆
		坚定信仰，忠贞不渝——走进杨闇公烈士陵园
		红岩英烈的高尚情怀——走进重庆歌乐山烈士陵园
中段	战火中的城市	轰炸阴霾下的重庆——走进重庆大轰炸惨案遗址
		奋勇抗战——走进张自忠烈士陵园
		风雨兼程，辛勤奔走——走进周公馆
		文字的力量——走进郭沫若故居
高段	不断奋进的身影	朝气蓬勃的重庆党组织——走进重庆中法学校
		成渝铁路：一条自力更生的志气之路——走进重钢
		大山深处的共和国建设者——走进"816"核工程
		红色精神，光耀千秋——探寻红军在重庆的长征足迹

在此基础上，我们还开发了"重走红岩路""重走长征路"两个游学活动，进一步深化"红岩少年说"行走课程。

在"重走红岩路"游学活动中，我们通过红岩村线路（红岩革命纪念馆、饶国模故居等）、七星岗线路（中山医院、抗建堂、通远门、鼓楼巷、打枪坝、领事巷、巴蔓子墓、大韩民国临时政府旧址陈列馆等）、烈士墓线路（歌乐山烈士陵园、白公馆、渣滓洞等），带领学生追寻革命记忆，感悟"爱国、团结、奋斗、奉献"的红岩精神；通过解放碑线路（重庆人民解放纪念碑、较场口"六·五"隧道惨案旧址等）、李子坝线路（抗战遗址公园、史迪威博物馆等），带领学生了解渝中人民的苦难和巴渝抗战文化。学生加深了对这段特殊历史的了解，树立了正确的荣辱观，培养了爱家乡、爱祖国的情感，弘扬了爱国主义精神。

在"重走长征路"游学活动中，学生们徒步张飞古道，倾听老师讲解；学习包扎急救知识以及正确自救和救援他人的技巧；化身欢乐小农夫，共同体验挖红薯的快乐；在 CS 大战中，分析战场形势，团队协作痛击"敌人"，培养团结合作精神。行走于长征之路上，学生们感受到了强国强军的梦想，体会到了军人的责任感与使命感，立志要做铮铮少年。

2."红岩少年说"立志课程

志向是儿童成长的航标。"红岩少年说"立志课程立足于把儿童志向的树立与其身所处的环境和个体发展的需求紧密相连。以一年级为例：

主题	教育目标	活动内容
使命意识	认识红领巾，加入少先队。	1. 在高年级队员帮助下，看队室，说队名，画队旗、队徽，讲少先队的创立者和领导者。 2. 学唱队歌，学念入队誓词、呼号，学敬队礼，学戴红领巾，写入队申请书，做一件好事。 3. 举行"今天我入队啦"少先队入队仪式，建立少先队中队。 4. 开展"爱我，你就戴戴我"队前教育活动。
	1. 认识国旗、国徽，会唱国歌，了解国庆的含义和来历，认识祖国版图，了解家乡在祖国的地理位置。 2. 知道中国共产党是新中国的缔造者和领导核心。 3. 知道中国梦，知道全国人民都要为实现中国梦而努力。	1. 开展"国旗国旗我爱你"活动。 2. 举行"谁不说咱家乡好"主题班队会，看看祖国版图，找找自己的家乡。 3. 开展"听习爷爷讲中国梦"活动，看影像、听讲解、唱童谣、画儿童画等。
责任担当	1. 举行集体入学礼。 2. 参观校园、队室。 3. 激发对校园、老师、小学生活的喜爱之情。	1. 举行"一年级新生入学礼"。 2. 由高年级队员带领参观校园、队室。 3. 说一说喜欢校园、喜欢小学生活的理由。 4. 学唱校歌。 5. 开展"爱我，你就夸夸我"入学教育活动。
	知晓少先队基本知识。	1. 开展"我爱你，少先队"活动。 2. 开展"争当好队员"活动。
光荣梦想	1. 了解中华传统美德。 2. 记住社会主义核心价值观的内容。	1. 讲述中华传统美德小故事，观看有关视频等。 2. 通过唱童谣、做游戏等方式了解和记住社会主义核心价值观。

结合学生成长阶段、个体需求、外部环境等因素，我们创设体系化的

课程内容：低段重在引导学生认识少先队、认识我们的党和军队、认识自己的家乡；中段重在引导学生了解少先队、党、军队的历史以及党对少年儿童的关爱、期望和要求；高段重在通过大量链接生活的少先队活动，引导少先队员充分认识自身价值，培养责任和担当意识。

（二）创设"红岩精神成长营"系列主题班队会，塑造学生精神品格

班级是学生精神成长的孵化器，开好班队会是形成班级精神共同体的重要手段。于是，我们着眼于六年培养周期，以传统节日、纪念日、教材、校史等为素材，以儿童喜闻乐见的形式整体创设"红岩精神成长营"系列主题班队会，并分为"节日熏陶营""唱响成长营""听享成长营"三个模块。

"节日熏陶营"主要是以重阳节、劳动节、学雷锋纪念日等中国传统节日和纪念日为活动契机，开展相应的主题班队会。在每个主题下，我们根据学生的身心发展阶段特点，从低、中、高三个层面逐级递进，对学生进行爱国主义和优秀传统文化教育。比如，以抗日战争纪念日为主题的班队会如下：

年段	内容
低段	1. 看爱国主义优秀教育影视片。 2. 唱爱国主义歌曲。 3. 参观烈士陵园、红岩广场等，接受历史的熏陶。
中段	1. 开展革命先烈故事讲述会或演讲比赛。 2. 开展"爱国精神永相传"主题班会。
高段	1. 弘扬、追忆抗战精神。 2. 办"抗日英雄我知道"手抄报比赛。 3. 推荐一本抗战题材的好书，并开展读后感征文比赛。

"唱响成长营"主要通过歌唱形式引导学生循序渐进唱出自己对祖国的热爱。在低、中、高段，我们分别以"唱响热爱""唱响自信""唱响未来"为主题，带领学生演唱了《我爱北京天安门》《共产儿童团歌》《歌唱二小放牛郎》《我的中国心》《保卫黄河》等数十首爱国歌曲，学生在歌声中更

加坚定了自己的理想信念和报国之志。

"听享成长营"主要让学生们在故事里感受榜样的力量。听《重庆掌故》，在厚重的乡土文化中追忆历史英雄人物；听老校友讲校史故事——刘伯承元帅以身作则不让自己孩子搞特殊化、贺龙元帅秉持体育强身强国理念、卓琳校长艰苦创业"众筹"兴校等故事；在影视剧、纪录片中听时代楷模和共和国勋章获得者的故事……孩子们在故事中汲取成长的精神力量，建立民族自信。

（三）创建"红心向着党"班级特色活动体系，形成校内传播生态链

跬步之积以致千里，小流之蓄以成江海。在行走课程、立志课程、系列主题班队会等一系列课程的浸润下，学生们逐渐凝聚成一个团结奋进的班集体，开始成为"红岩精神"的传播者、发声者。为此，我创建了"红心向着党"班级特色活动体系，建立红岩精神校内外传播的生态链。

1. 班级活动

我们开展了班级"小小宣讲员"活动。活动分为三个阶段：红岩故事讲给父母听、红岩故事讲给同学听、红岩故事讲给大家听。学生们用最质朴的声音，讲述着一个个动人的故事，在故事中穿越历史，感受先辈们的殷殷嘱托、热切期盼。一位学生深情讲述了曾祖父傅伯庸在渣滓洞监狱给妻子和弟弟写下的一封家书，并表达了自己的感受："在我3岁时曾祖父就去世了，他的模样我已记不太清，但我会永远铭记他和无数先辈们志存高远、勇敢坚韧、舍身忘我的革命精神。我要以身作则，从做好身边的小事做起。"

2. 媒介传播

我们汇集各种多媒体宣传手段，打造立体多维度校内外传播模式，面向师生、家庭、社会开展全覆盖、全频段、全系列的宣传，广泛传播红岩文化，形成宣传生态链。我们利用抖音、微博、班级微信公众号、平台小程序等网络媒介开启"红心向着党"线上学习活动；利用校园广播、喜马拉雅 App 等广播媒介开展"百童讲党史活动"。

3. 社会联动

我们通过与社会联动，打通学生从校内走向校外的通道，培养学生的社会参与和责任担当意识。2020年六一儿童节，我们开展了"致敬英雄，感恩有您"主题教育活动，发动全班学生以感恩快递的形式为医务工作者、警察、社区工作人员、快递员等赠送礼物，表达敬意。同时，鼓励学生参与社区、街道等组织的义务劳动和志愿服务，让学生把感恩的精神化作自己成长的动力，努力在实践中锻炼自己的能力，做一个对祖国、对社会有贡献的人。

（四）创建"五星好少年"阶梯式评价表，激发学生成长自驱力

学生成长离不开评价的激励作用。我们围绕立德树人教育目标，探索设计了一套导向鲜明、形式多样、交织贯通、阶段上升的阶梯式成长激励体系，把少年儿童政治启蒙、价值观塑造、德智体美劳全面发展等内涵融入其中，以综合性、激励性的评价方式促进儿童成长，促进学生可持续发展。

我们根据德智体美劳"五育并举"的要求，融入班级特色评价内容，设计了"五星好少年"星级评价表，对学生在本学年参与活动时的表现作出总体评价，并制定了"五星奖章"星级评比标准（一星好奇章、两星勇敢章、三星责任章、四星荣耀章、五星红星章）。

五、特色与成效

几年来，班级里评选出的"五星好少年"对接学校少先队相关岗位、荣誉等，形成了一套班级—学校自下而上的贯通式评价体系。经过我和学生的共同努力，我们班被评为"重庆市红岩班"，我想这就是我对红岩精神最好的传承。

红岩精神永放光芒，就在于它深刻地影响着我和学生们的思想、认识和行动。

或许随着时代的发展，它还会呈现出不同的表现，但它深刻的内涵将永远吸引我们奔向正确的方向，成长为更好的自己，成长为祖国需要的样子。

铿锵红心圆梦想，壮美并举育少年

■ 广西南宁市第三中学　胡娴毅

◆--------　**班主任简历**　--------◆

胡娴毅，广西南宁市第三中学初中部青秀校区教师。南宁市学科带头人，三次荣获南宁市"优秀少先队辅导员"称号。所带班级被评为南宁市优秀班集体、南宁市优秀少先队集体，所带中队荣获南宁市"红领巾奖章"集体三星章。2021年，被广西推荐参加全国中小学班主任基本功展示交流活动。

◆--------　**班主任宣讲**　--------◆

一、育人理念

习近平总书记在赴广西考察时提出"建设新时代中国特色社会主义壮美广西"的总目标。广西是壮族自治区，"壮"指的是广西，本意也有强壮、强大之意，"美"有美丽、美好的意味，建设"壮美"广西蕴含着习近平总书记对广西走出自己的民族特色的发展之路的殷切期望。壮乡的教育，应结合当地民族学生的特色，弘扬光荣传统，赓续红色血脉，将红色精神发扬光大！

中国学生发展核心素养以培养全面发展的人为核心，坚持立德与立智相互融合，体育、美育和劳育相互贯通，切实践行"五育并举"。在班集体建设中，营造民主平等、团结奋进的班级风貌，培养学生坚守理想、勇于担当的革命精神，培养学生成为堪当民族复兴重任的新时代接班人。

二、班情分析

本班共有学生50人，男生31人，女生19人，其中壮族学生25人，汉族学生19人，仫佬族学生3人，瑶族学生2人，苗族学生1人。学生来自广西各地，各地各族的风俗习惯和文化理念略有差异。民族文化差异和地域文化差异揉和在一起，导致了文化适应问题，使不同民族的学生在语言、文字、心理、习俗、人际等方面产生不同程度的不适应，因此创设和谐的班级氛围要考虑民族的融合。

初中学段的学生在不同年级有不一样的心理特征和发展规律。七年级学生充满好奇心和求知欲，虽具有一定的幼稚心态，但具有较强的上进心和集体荣誉感，可塑性极大。八年级是学生心理转型的关键时期，他们的思维逐渐趋于成熟，独立意识增强，开始有比较明显的分化和突变。九年级学生的情感具有掩饰性、隐秘性和曲折性，思想会有很大的闭锁性，还有很强的戒备心。这个阶段的学生要树立正确的人生观、价值观和远大的理想，但是比较容易迷茫、无助，红色教育不仅可以增强学生对中华民族历史与精神的了解，还能够增强学生的责任感、使命感。

三、班级目标

总目标：营造民主平等、团结奋进、昂扬向上、积极进取的班级氛围，"五育"融合"红色文化"，弘扬红色精神，让每一位学生争做有理想、有担当的新时代好少年。

三年培养目标：

七年级：把握教育的黄金时期，把红色基因当中努力拼搏的进取精神融入班级建设，塑造民主平等、团结奋进的红色班集体，让学生在班集体中发挥各自的特长，引导学生成为勇于担当的好少年。

八年级：抓住学生心理转型的关键时期，利用中国共产党的红色奋斗史中所蕴含的信仰力量影响学生，激励学生树立个人理想，重点培养学生自主学习能力，让学生发展为成长型的创新人才。

九年级：关注学生心理发展的规律，增进与学生的心灵沟通，以红色精神为引领，引导学生树立正确的理想观、价值观和人生观，让学生成为胸怀理想、乐于奉献的新时代好少年。

四、实践做法

我校秉承"真·爱教育"的办学思想和"德育为先，文理并重，崇尚一流"的办学宗旨，构建了富有特色的"实践—体验—引导—升华"的"实践型德育"模式。"实践型德育"是受教育主体通过积极参与道德实践课程、体验道德生活，在教师的引导下，感悟道德要求并内化为自身品质的一种模式。其重在触动学生的内心世界，用潜移默化、耳濡目染的陶冶方式，关注的是学生感知是否充分，情感体验是否深刻。

（一）德育为先，家校共育爱国少年

1. "红色故事沙龙"，濡养爱国情操

班级定期开展"红色故事沙龙"，每周由学生自主选择内容，介绍革命英雄人物的优秀事迹，增进学生对中华民族奋斗史的了解，感受浓浓的红色革命传统文化气息，回顾祖国走向复兴的艰辛之路。既能让学生在遇到困难时不抛弃不放弃，也能激发学生的爱国热情，濡养学生的家国情怀。

2. 系列主题班会，培养美好品格

主题班会是一种有效的教育形式，不仅能帮助学生树立正确的价值观，更能增强班级的凝聚力、向心力，对班级建设起积极的推进作用。

针对七年级新入学的情况，班主任设计、组织以规范管理和增进班级

凝聚力为主题的系列班会；进入八年级后，主要开展以"忆过往，梦未来，正青春"为主题的系列班会。通过回顾红色故事，展望美好未来，激励学生直面青春期遇到的困难，树立不忘初心、奋斗当下、砥砺前行的优秀品质。

3. 特色文化活动，弘扬民族精神

习近平总书记说："文化自信，是更基础、更广泛、更深厚的自信，是更基本、更深沉、更持久的力量。"为了让学生进一步了解民族文化，增强民族自信，班级配合学校德育主题组织了融合中华文化的系列活动。"九·廿九孔庙千人拜师礼"中，学生们传承尊师重道的传统；在课本剧《西游记》表演中，同学们体验了经典文化的魅力；而在运动会开幕式暨爱国体验活动的表演中，同学们身着红色革命服装和民族特色服饰，涵养革命精神、民族意识；在"迎春节·送对联"活动中，同学们真切感受了传统节日与和睦友邻的重要意义。

4. 红色系列活动，尽显赤子忠心

根据班级主题，结合学生实际，本班开展了红色系列活动，让学生通过活动观察、思考、讨论、感受，获得对红色文化的真实体验和感受。

（1）立足本土红色基地，参观韦拔群纪念馆。

韦拔群，作为新中国成立时期的英雄模范之一，是广西卓越的农民运动百色起义的领导人。通过参观韦拔群纪念馆，学生了解了广西英雄的事迹，领悟了英勇奋斗、不怕牺牲的革命精神，培养学生的民族自豪感和自信心。

（2）长征故事我们来讲，深刻领悟先辈真情。

为了激发学生的爱国热情，提高学生的语言表达和交流能力，我班举行了"长征故事我们来讲"系列活动。通过一个个可歌可泣的长征故事，学生学到了红军不怕困难、艰苦朴素的长征精神，在班级营造了浓郁的红色文化氛围。

（3）争做红色时代少年，合唱传递赤子强音。

在"唱响国歌，争做红色时代少年"合唱比赛中，同学们唱响《没有共产党就没有新中国》等红色歌曲，抒发了对祖国的热爱，对理想的追求，对美好未来的憧憬。在这种积极向上的精神状态下，学生的爱国之情得到了增强。

5. 家校携手同行，学生快乐成长

最完美的教育是学校与家庭的结合。本班以"家校共育"为活动载体，搭建交流平台，开展亲子活动，促进家校沟通，为孩子们的成长保驾护航。

（1）半月笔谈，密切家校书信往来。

我校的《学生成长手册》独创了特色栏目——"半月谈"，为家校交流搭建了平台。我班学生在手册中总结了半个月以来的心得体会，家长在手册上对学生的家庭表现作出反馈，老师在手册上对学生的在校表现进行点评和鼓励，促进了学生、家长和教师三方的沟通。

（2）暖心家访，亲子活动拉近距离。

开展"暖心家访"活动，让老师和家长能够更多地了解孩子各方面的情况，达成"三位一体"的共育模式。同时，鼓励家长发起亲子活动，为孩子提供户外学习与交流的场所，增进家长之间、学生之间、亲子之间的沟通交流，在交流中探求良好的家庭教育方式。

（二）智育引领，科技筑梦智慧之星

1. 课外科普研学，科技筑梦未来

七年级上学期，学生到青秀山兰园进行科普活动，分组探索植物的奥秘，开展有趣的科普竞技。八年级上学期，在家长的组织下，同学们一同参观了南宁市科技馆，学习航天知识，体验新科技的魅力。同学们创作了科技小作品，编辑了《筑梦科技·畅想未来》班刊。此外，同学们积极参与"一带一路"青少年创客营活动，学习顶尖、前沿的科学知识。

2. 特色学习小组，合作事半功倍

为了营造比学赶超的学习氛围，让学生感受到学习的乐趣，我们采用"导师制"，组建了特色互助学习小组，每组设置全科及学科"带头人"，带领小组成员共同成长。《尚书·兑命》曰："学学半。"教人是学习的一半，在这样的特色形式下，两者实现共同进步。每月定期组织"乐学堂"活动，表彰成绩优异和取得进步的小组与个人，带动学生的学习积极性。

3. "智慧之星"比拼，集思广益前行

班级利用后墙板报创建了"智慧之星，你问我答"栏目，同学们在该栏目中贴上自己的学习疑惑并相互跟帖解答，学科老师及时点评总结，每月评出"智慧之星"。一问一答，激发了学生潜能，营造了自主学习、合作探讨的学习氛围。

（三）体育强班，民族运动健壮体魄

1. 青春点燃激情，运动实现梦想

国防教育与军事训练活动展示了学生的刚毅风骨和青春风采，运动会呈现了学生团结协作、奋勇当先的拼搏精神。运动健儿们通过顽强拼搏，成为赛场上最靓丽的一道风景线，取得团体总分第一名的好成绩。

2. 特色民族运动，传承民族精神

抛绣球是壮族地区一项传统的体育项目，如今绣球被"抛进"了南宁市体育中考的考场。在班上，学生自己动手制作绣球，培养了动手能力，感受到了传统民俗的乐趣。在运动场上，随着绣球一次又一次地被抛起，学生参与体育活动的积极性被调动起来，体质得到了加强。抛绣球更是成为班级同学热爱的课后休闲活动，优秀的民族文化、团结的民族精神得以传承。

在"壮族三月三"传统节日前后，班级开展跳竹竿舞活动，学生在有节奏、有规律的碰击声里，敏捷地进退跳跃，潇洒自然地做各种优美的动作。在壮族学生的邀请与指导下，班级学生身着传统服饰，欢快地舞蹈，既体验了壮乡特色活动，也将传统民族文化深植于心。

（四）美育熏陶，文化积淀民族素养

营造文化环境，让红色文化渗透到班级的每一个角落，让班级时时处处都充满红色精神，让师生的一言一行折射红色之魂。

1. 汉壮绿植花园，播种民族希望

整洁优美的教室能给学生增添生活与学习的乐趣，也能激发学生热爱班级和学校的情感。班级有效利用教室空间，利用壮乡特色花草装饰教室，制作汉壮双语植物介绍卡，不仅让学生感受优美的学习环境，同时学到有趣的壮乡知识，增强民族自信心。

2. 红色文化墙饰，积淀人文素养

教室白板正上方墙壁张贴"班级信条"；白板的左边张贴"入室即静、入座即学"提示，左角设置汉壮双语班级公告栏、班规等，右角设置班级名片；两边墙壁是学生自主选择并书写的名言警句；教室后墙上方张贴班训。墙报主体分为三大板块：中间板块配合学校的每月主题进行创新墙报的展出；左右两边分别展示"星级小组""每周之星""智慧之星"与心愿墙、荣誉墙……让学生得到熏陶的同时，明确班级方向。

3. 创设"八桂长廊"，延续红色基因

班级的外墙设置红色故事专区，介绍八桂英雄人物事迹。通过红色故事的阅读和传播，学生了解了八桂人民的奋斗史，激发了爱国热情，濡养了家国情怀；同时，感受到浓浓的红色革命传统文化气息，汲取革命精神，争做"四有"新人。

（五）劳育并进，携手共建和美壮乡

1. 走进社区，传承雷锋精神

学生走出校园，走进社区，用实际行动来展示新时代雷锋精神的蓬勃生机。在家长的带领下，学生分组来到社区帮忙打扫卫生，慰问革命烈士家属、孤寡老人，传承雷锋精神。

2. 爱国卫生运动，建设优美校园

为了建设优美校园，培养学生志愿服务精神，使学生养成热爱劳动、讲究卫生的好习惯，班级定期组织爱国卫生运动。学生们挥洒汗水，不仅掌握了生活、劳动技能，还增强了集体意识，让身心在劳动中得到调整与锻炼。

五、特色与成效

在立德树人和"五育并举"的思想引领下，以红色文化和民族特色为抓手，班级组织开展了一系列环境建设、班风建设、团队建设等活动，构建了民主平等、团结奋进的优秀班集体。经过全体师生的努力，班级在各个领域屡获佳绩：班级被评为校级优秀班集体；荣获学校组织的跑操比赛特等奖第一名，军训会操一等奖，武术操比赛特等奖第一名。

家校紧密合作，形成合力，为学生的成长保驾护航。班级家委表现突出，被评为校级优秀家委会。班级组织的活动以及工作得到家长高度支持与认可，家长们配合度高，行动力强。学校与家庭形成一股强大的教育合力，共同为九班学子的成长保驾护航。

做梦、追梦、圆梦，让梦想放飞青春

■ 天津市新华中学　赵雅思

◆--------- 班主任简历 ---------◆

赵雅思，天津市新华中学教师，天津市十佳班主任，天津市杰出津门班主任，天津市优秀少先队辅导员。荣获天津市第四届中小学班主任技能大赛一等奖第一名。2021 年，被天津市推荐参加全国中小学班主任基本功展示交流活动。

◆--------- 班主任宣讲 ---------◆

一、育人理念

坚持德育为先，注重学生思想品德教育，培养德智体美劳全面发展的社会主义建设者和接班人。以体验教育为基本途径，让学生的思想情感在"感悟—实践—内化"中得到熏陶，道德境界得到升华，为学生成长、成熟、成才奠基。

二、班情分析

我和 43 名学生组成了一个富有活力的集体。学生思维活跃，比较关心国家大事，思想上要求进步；课堂参与度高，喜欢开动脑筋与老师进行互动，课堂气氛活跃；积极参与到班级活动和建设之中，具有一定的集体荣誉感；同学们之间能够互相包容、互相体谅，班级气氛和谐，向心力较强。

但也存在一些值得关注的问题。有的同学缺少明确的理想目标和人生规划，导致学习动力不足；思想心理成熟度偏低，对事物缺少独立且准确的判断能力。

三、班级目标

班级发展目标确定为：建设成一个思想积极上进、学习勤奋刻苦、身心健康、团结友爱的优秀集体。从学生可持续成长角度出发，确立了"做梦、追梦、圆梦，让梦想放飞青春"的学生成长目标。

一年目标：通过一年时间，讲述"中国故事"和身边最鲜活的典型事迹，进行情感培育，引导学生领悟爱国情。将爱党与爱国、爱社会主义相统一，让家国情怀的种子在学生的心中生根发芽。

两年目标：通过两年时间，组织形式多样的文化活动，进行文化陶冶，引导学生砥砺强国志。通过增强文化认同，将对党和国家坚定的理想信念扎根于学生心中，引导学生树立为党成人、为国成才的理想志向。

三年目标：通过三年的社会志愿服务活动，对学生进行责任担当教育，引导学生实践报国行。通过全方位育人，让学生走向社会进行志愿服务，关注社会弱势群体，引导学生将家国情怀从思想落实到实际行动之中，将责任担当落于实处。

四、实践做法

为了迎接新一届学生的到来，开学第一天，我就在班内布置了一块"青春梦想墙"，让学生们可以随时粘贴自己对未来人生的规划，并随着成长进行调整和改变。但一周过去了，梦想墙上只有寥寥几张梦想卡。通过聊天和周记沟通，慢慢地，我发现学生的情况大致可以分为几类：有的学生从小就对自己的人生有明确的规划，所以一步一个脚印向着目标前进；部分学生有理想和目标，但家长和本人都只关注学习成绩，梦想还停留在空泛地喊口号阶段；一小部分学生家庭条件比较优越，因此缺少明确的理想和人生规划，存在"混日子""躺平"等想法；还有极少数学生由于学习成绩不理想，对未来缺乏信心，处于困惑迷茫状态，急需思想引导。

鉴于此，我确立了"做梦、追梦、圆梦，让梦想放飞青春"的成长目标，力求让学生们成才有动力、成长知努力、成熟有魄力。

（一）敢于做梦，让成才有动力

梦想是一个人成功的起点，只有敢想，才能勇于尝试，最终走向成功。所以，成功的第一步是敢于做梦！

1. 利用学校资源，正确认知自我

想要放飞梦想，就要有准确的自我认知，能够清醒地认知自己的优势与不足，如此才能发挥自身所长，让梦想不再遥不可及。

班级实行"值日班主任"制度，由学生们每天轮流担任。"值日班主任"除了要辅助老师做好教学工作外，还要随时处理班级出现的各种问题，并在下午大课间总结自己这一天在组织学习、辅助教学、人际交往、应对突发问题等方面表现出的优点和不足，提出可改进与提升的地方。为了增强制度的可持续性，每天下午大课间后，我会单独找当天的"值日班主任"聊一聊，帮助他们进行准确的自我评价，找到自身优势，分析存在的不足，提出合理化建议，便于学生不断提升自身能力。

学生们进步很快，在第二轮"值日班主任"轮岗中就表现得可圈可点，在充分发挥优点的前提下，他们对自身存在的问题进行了反思与改正，在准确进行自我认知的同时，也学会了取长补短，获得了长足的成长与进步。

2. 借助家庭资源，拓宽梦想之路

在帮助学生准确认知自我的基础上，我开始思考如何让他们看到多种人生的不同选择。我班学生家长从事警察、医生、外卖员、法官等各种职业，因此我决定邀请从事不同职业的家长来讲述他们的人生选择，因为作为学生身边最熟悉的人，他们的故事更能让学生产生情感共鸣，引发他们对未来人生选择的进一步思考，将自己的兴趣、能力和人生梦想相结合。

于是，作为广播电台记者的霖霖妈分享了我们想象中的媒体工作与现实中媒体工作的不同，让学生们走近真实的媒体人，直观感受媒体生活；从事外卖行业的睿睿爸讲述了自己从外卖小哥到组建团队、壮大自身的经历，让学生们感受了看似简单的工作其实更需要思考与协调能力……家长们的讲述给学生们打开了另一扇窗，让他们了解了理想与现实之间的距离，也学会更加理性地看待自己的梦想。

通过探索学校资源，学生们能够逐渐准确地认识自己、评价自己，认清自身的优点与不足，为树立梦想打下基础；通过探索家庭资源，学生们聆听了最真实的职业体验，拓宽了眼界，触碰到从未想象过的新领域，点燃了新梦想；通过家校资源的共享，学生们真正走近梦想，点燃了内心对于梦想的强烈渴望，迈出了走向成功的第一步——敢于做梦！

（二）勇于追梦，让成长知努力

渐渐地，梦想墙上贴满了学生们绚烂多彩的梦想。但如何引领学生真正地追逐梦想，让梦想不再遥不可及呢？我认为还是要发挥榜样的力量，让学生们在榜样的引领下脚踏实地地向着梦想前进。

1. 强大精神指引，坚定前进之路

理想不是可有可无的点缀品，而是一个人生命的动力，有了理想才有灵魂。而一个强大的灵魂需要精神的指引，才能坚定前进的道路。

学生日常了解到的大多是身边人的案例，如果可以联系到某些在不平凡的岗位上默默奉献的人，听一听他们可歌可泣的动人故事，用他们强大的精神力量指引学生未来的人生选择，会让学生们在开阔眼界的同时感受到震撼人心的力量，真正地将自己的梦想与祖国的发展需要紧密结合起来。

经过多次沟通，我们邀请到了舰载机飞行员裴叔叔，请他以"青春梦想"为主题，与我们聊一聊他的人生选择。他讲了他报考飞行员是受到王伟烈士的感染，还讲述了与同宿舍同学张超烈士共同学习的情况等。这些

生活小片段、动人小故事、历险经历让很多学生追逐梦想的眼神更加坚定了。

在梦想墙的一张小卡片上，我看到了涂改的痕迹："我以后也想像裴叔叔一样翱翔在我们国家的每一寸领空，守卫我们国家的每一寸土地。从现在开始，每天我要做好眼保健操，保护好视力，学好英语，准备为伴飞和驱逐敌机作好准备！高三招飞，我来啦！"

2. 精神转化行动，脚踏实地进步

九年级，学生们即将参加中考，面临人生的重要转折点，但开学一周，他们还没有进入毕业冲刺状态。于是，我与学生们一起观看了 2008 年北京奥运会柔道冠军佟文惊天逆转绝杀对手的视频，让学生们直观感受到"只有具备坚定的必胜信念，才能最终收获成功"。

经过不懈努力，我终于通过共青团天津市委员会联系上了佟文，并邀请她为我们讲述自己冲刺追梦的过程。佟文阿姨的一句话点燃了学生们为梦想而拼搏的热情："强者的世界没有不可能！"

班会后，很多学生都找到了冲刺中考的状态。梦想墙的一张卡片上这样写道："我想成为一名程序员，但是越高端的编程越需要强大的计算能力和逻辑分析能力，所以我要在数学这个弱项上多下功夫……"裴叔叔和佟阿姨的故事，让学生们感受到梦想需要强大的精神指引，也让他们立志将自身的梦想与国家的发展需要紧密联系起来，坚定了向梦想前进的步伐。由此，学生们找到了学习的动力、成长的目标，真正肯付出，让梦想浅着陆。

于是，怀抱美术梦想的学生不再停留在研发游戏画面上，而是通过多维美术更好地展示中国文化、输出中国元素；梦想当演员的学生不再只是为了出名，而是立志将快乐传播给每一个人，引导大家积极面对生活；想当漫画家的学生不再止步于输出个人想法，而是想通过漫画带给孩子们快乐，引导他们确立正确的价值观……

（三）走向圆梦，让成熟有魄力

单纯的理论说教和纸上谈兵已经不能满足学生们追逐梦想的脚步，还要让他们走进社会，在真正的实践中检验梦想，脚踏实地地追梦、圆梦。

1. 小爱转化大爱，用脚步丈量梦想

在学校组织的各项社会实践活动基础上，我班又联系到天津市宜童自闭症研究服务中心，并将之作为长期的实践基地。三年来，我们带着特殊儿童一起锻炼身体，一起唱歌跳舞，一起制作剪纸、相框、脸谱面具、小熊猫，一起为妈妈制作爱的花束、为爸爸制作爱心领带，手把手教他们手语表演……一起走进融合基地陪伴特殊儿童的活动，让学生们逐渐在实践中勾勒出自己的青春之梦。

比如，患有心理疾病的瑞瑞原本很难融入正常的班级生活，经常与同学发生矛盾冲突甚至大打出手，但在实践活动中，他渐渐学会了爱与被爱的正确方式，尝试着在班内发挥自己的天赋，逐渐找到了接纳他的同桌和志同道合的朋友。上个学期末，他告诉我，近一年他渐渐找到了自己的生活目标，希望长大后可以成为一名心理医生，能够帮助更多像他一样有心理问题的孩子。

学生们将自己对于美好生命的理解用行动诠释给了宜童自闭症研究服务中心这些可爱的小朋友。后来，梦想墙上有人这样写道："长大后我要成为一名妇产科医生，让更多的小生命健康向阳地成长，希望我能用我的手承接一个又一个新的希望！"

2. 知识转化实践，用活动走向梦想

学生们做梦、追梦、圆梦的过程，需要太多人一起守护。小到个人、家庭，大到学校、社会，所以我们要联动起来，为学生们的梦想保驾护航，为他们提供实践与开展活动的机会，帮助他们获得真正的成长。

每周有一节劳技课，其中有个学期的主题全都是垃圾分类。为了让学生们将所学所感从知识过渡到实践，我带学生到环保公司进行参观。活动后，他们将垃圾分类的相关知识制作成动画小故事，生动地讲授给幼儿园的小朋友们，还帮助学校食堂做好厨余垃圾的整理，将学习到的知识应用于日常生活和社区宣传之中。

后来我发现，梦想墙上有张小卡片写道："我想从事跟环保有关的职业，哪怕职业再微小，也想尽自己的一份力量，让我们的生活中永远有绿水青山。"

当学生们真正走进社会，将自己所学奉献于社会的那一刻，他们才真正感受到自身的价值，这种价值感让他们拥有了更多的魄力，快速走向成熟，而这种快速的成熟又坚定了他们实现人生理想的决心，助力他们获得良性发展。

五、特色与成效

实践证明，对于学生的理想信念教育不仅需要让学生做梦、追梦、圆梦，在这一过程中更应以学校为主阵地，充分探索学校、家庭、社会等各种资源，拓宽学生成长之路。

初中阶段是青少年思想逐渐健全、思维逐渐成熟、价值观和人生观逐渐形成的重要阶段。在这一阶段，对学生的理想信念教育以学生发展为本，充分利用各种资源，让成才有动力；引领学生将自身梦想与国家发展需要紧密联系起来，脚踏实地追逐梦想，让成长知努力；引导学生在实践活动中增强社会责任感，将梦想付之行动，让成熟有魄力。

传承庆平精神，铸魂弘毅之士

■ 安徽省合肥市第七中学　肖洋

◆⋯⋯⋯ 班主任简历 ⋯⋯⋯◆

　　肖洋，安徽省合肥市第七中学教师，合肥市骨干教师。在合肥市高中语文大单元教学基本功比赛中荣获一等奖，在长三角地区班主任基本功大赛中荣获一等奖，在全国高中语文教师教学基本功大赛中荣获二等奖。

◆⋯⋯⋯ 班主任宣讲 ⋯⋯⋯◆

一、育人理念

　　为发扬"中国五四青年奖章"获得者王庆平烈士忠于祖国、敢于担当的精神品质，我校创建了"王庆平班"。

　　庆平班以庆平精神为精神底色，以弘毅之士为人格追求，旨在通过精神引领、活动育人、文化滋养、科学管理，达到培根铸魂、启智增慧的育人效果，实现立德树人的根本任务。

　　《论语》有云，"士不可以不弘毅，任重而道远"，"弘毅之士"是儒家传统中"远大抱负、意志坚定"的理想人格。所谓"铸魂弘毅之士"，指的是在教育方法上，班主任通过课程育人、文化育人、活动育人、实践育人、管理育人、协同育人等途径充分调动学生的内驱力，促进学生综合素质的全面发展。通过立弘毅之志、赋弘毅之能、成弘毅之才三个育人阶段，培根铸魂、启智润心，树立学生的理想信念，实现完整人格的自觉成长。

二、班情分析

2021级庆平班共有学生46人，其中男生30人，女生16人，住校生34人，走读生12人。学生来自合肥市11所不同的初中，学业能力在初中学业水平质量检测中处于中等偏上水平。家庭情况方面，40名学生家庭情况良好，5名学生家庭较为贫困，1名学生家庭为建档立卡贫困家庭；身心情况方面，46人体质测试达标，2名同学存在学业焦虑；爱好特长方面，具备钢琴、古筝、绘画、篮球、跆拳道、游泳等特长的学生共32人。

三、班级目标

为落实立德树人的根本任务，结合我校"办负责任的学校，培养有责任感的学生"的办学理念，依据本班学生身心发展特点，我确定了"传承庆平精神，铸魂弘毅之士"的总体育人目标。

庆平班育人目标具体如下：

总体育人目标	传承庆平精神，铸魂弘毅之士				
班级建设目标	共同成长有温度、协同担当有气度、全面发展有广度、创新实践有深度				
学生发展目标	高一	提升班级归属感，树立成长目标，立弘毅之志			
	高二	增加学习获得感，提升综合能力，赋弘毅之能			
	高三	增强个人幸福感，强化担当意识，成弘毅之才			
"五育"发展目标		德	智	体	美	劳
	高一	树立理想自觉自律	乐于学习夯实基础	喜欢运动养成习惯	热爱生活能欣赏美	树立观念勤于劳动

"五育"发展目标	高二	涵养心灵 自尊自爱	勤于学习 优化策略	增强体能 发展特长	陶冶情操 能理解美	提升能力 善于劳动
	高三	健全人格 自信自强	善于学习 提升能力	强健体魄 激扬生命	增强能力 能创造美	养成习惯 吃苦耐劳

四、实践做法

针对班级情况，结合育人理念和班级发展目标，我创设了"聚焦一个核心目标、加强两种组织管理、有序发展三个阶段、重点打造四项课程、全面培养五种能力"的班级管理模式，简称"12345 班级管理模式"。

（一）聚焦一个核心目标

一个优秀的班集体，不仅是协同发展的成长共同体，也是互助共生的精神共同体。建班第一天，我带领同学们参观校史馆，对庆平精神进行深入系统的学习。

第一次班会课，同学们结合班级总体情况和自身特点，通过商议讨论、民主投票的方式，确立了班级建设的核心目标——"传承庆平精神，铸魂弘毅之士"，将王庆平烈士忠于祖国、舍己为人、敢为人先、追求卓越的精神品质赓续传承，力争通过三年学习生活，锻造自我，成长为有理想、有本领、有担当的弘毅之士。

1. 制度上规范

通过建言献策、民主讨论、集体投票，从仪表、纪律、学习、出勤、卫生等方面制定班级十二条班规；通过自荐互荐、公开竞选、民主投票，建立"小组长—课代表—班委会"三级管理制度，自主管理；制定相应的"奖惩制度"、完善评价制度，从德智体美劳方面对学生进行综合评价。

2. 思想上浸润

通过班级环境布置，营造"整洁、有序、雅正、淳朴"的班级文化氛围，以无形的文化浸润学生的思想；通过组织班级特色活动，如"祭奠革命英烈，争做时代新人"清明节祭扫活动、"秉承艺术之美，激起后浪之魂"安徽省美术馆参观活动等，在革命文化和传统文化的滋养中，强化学生的社会责任意识、提升思想境界。

3. 品格上引导

以庆平精神为引领，同时学习其他优秀的革命先辈、时代楷模的精神品质，将爱国敬业、敢于担当、无私奉献等美好的品格熔铸于血液之中；在班级中树立同辈榜样，通过每月"弘毅之星"、每学期"自强之星"的评选，引领学生见贤思齐，向同伴学习，促进良好品格的形成。

（二）加强两种组织管理

在庆平班的班级建设中，我重视同时做好正式组织和非正式组织的管理，让两者相辅相成、协调共生。

正式组织以"班主任—班委会—课代表—小组长"为管理链条，是班级管理的基本存在形式，在班级人际关系系统中起主导作用。非正式组织是学生们以学习、爱好、社会实践为基础，自发形成的一种开放式的组织，但其一旦形成也会产生强烈而持久的约束效果。庆平班有以学习为核心组建的活动小组，如"鸿鹄小队""铿锵七人行"等；有以兴趣爱好为核心组建的"红楼文化研究所""灌篮社"等；有以社会实践为核心组建的"春芽爱心服务队"等。

（三）有序发展三个阶段

一个班集体的建设应具有长期性和发展性，依据高中阶段学生的身心发展特点，结合庆平班的发展目标，我们制定了班级三个阶段的发展规划。高一阶段"明庆平精神，立弘毅之志"，引导学生通过校史学习、主题班会、生涯规划课程，了解庆平精神，树立青春志向；高二阶段"承庆平精神，赋弘毅之能"，通过夯实学业基础、开展社会实践，传承庆平精神，提升综合能力；高三阶段"扬庆平精神，成弘毅之才"，通过开展社会服务、家校联合育人、心理健康教育，发扬庆平精神，塑造健全的人格。

为了使三个阶段能有序推进，我建立了"学生成长档案袋"等评价方式，通过及时评价引发学生自省，激励学生的内在成长。

（四）重点打造四项课程

结合班级建设目标和学生发展现状，重点开展四个方面的教育，即理想信念教育、传统文化教育、生涯规划教育、心理健康教育。围绕这四个方面教育，开发了庆平班的"弘毅"特色课程。

1. 理想信念教育课程

受经济全球化的影响，各种思想文化相互激荡，庆平班个别同学也存在着一些理想信念缺失的问题。从高一入校开始，我便注重庆平班学子理想信念的教育，通过"红色故事宣讲会""学雷锋主题日""清明节祭先烈"等实践课程，让学生进一步理解自我与他人、社会的关系，从而树立起正确的理想信念；引导学生正确面对人生中的顺境和逆境，让学生把艰苦奋斗、勇担重任的精神落实到日常的学习和生活中。

2. 传统文化教育课程

庆平班的传统文化教育主要从三方面展开：一是班级环境的布置，例如通过"养德角"，图文并茂展示中国传统文化中仁义礼智信等方面的思想文化；二是班级特色主题活动的开展，例如通过文化教育宣传周、合肥市相关名胜古迹和红色景点的参观游览，从不同的主题教育入手渗透中华优秀传统文化的内容；三是传统文化教育课程，以中国古代的文学典籍、书法绘画、节日民俗、乐舞戏曲等为载体，带领学生感受中国传统文化的魅力等，增强文化自觉和文化自信。

3. 生涯规划教育课程

庆平班从高一入学开始，就重视对学生进行生涯规划的教育，从而激发学生内在学习动机，培养自我管理能力。教育途径包括每周一次的职业生涯规划课程和每月一次的"家长课堂"。在职业生涯规划课中，引导学生认识自我、认识职业，进行初步的职业决策；在家长课堂上，邀请家长代表，向同学们介绍相关职业的工作内容，为职业规划打好基础。

4. 心理健康教育课程

庆平班的学生年龄处于15~17岁，这个阶段的不少学生存在着集体生活不适、学业焦虑、人际关系不适等问题。因此，利用每两周一次的心理课，从生活适应、人际交往、自我认识、情绪调适、升学择业、学会学习等方面，帮助学生解决青春期常见的心理问题。

（五）全面培养五种能力

1. 养德——以精神涵养美德

"养德教育"就是对庆平学子进行道德认识、道德情感、道德意志的培养，在学生心灵中播下良好的做人道德和社会公德的种子，以此规范行为。

庆平班的"养德教育"以庆平精神为引领，以"养德小讲堂"和每月一次的"学雷锋主题活动"为主要实践阵地，将涵养美德内化于心，外化于行。

2. 益智——以善学增长智慧

高中生正处于学习的黄金时期，学习是当下的重要任务，对学生进行日常的学业管理不可忽略。在学习管理中，严格遵循学习的科学性和计划性，实现"制定目标—科学计划—勤于落实—善于总结—多维评价"的闭环管理，发挥学习小组的作用，引导学生主动学习、合作学习。

3. 健体——以体质锻炼意志

体育锻炼是"五育并举"中的重要一环，不仅能增强体质，更能培养学生的意志品质。庆平班学生体育基础良好，在高中阶段主要通过"每日阳光晨跑""每日眼保健操""假期运动打卡""环蜀西湖健身走"等活动，养成运动习惯，增强体质体能。

4. 尚美——以诗魂塑造灵魂

审美教育是一种性灵的陶冶，它通过对美好事物的审美欣赏，使人获得高格调的生活情趣。在日常班级管理中，利用大课间、美术课、音乐课等，引导学生落实"每周吟诵一首诗、每周学唱一首歌、每周欣赏一幅画、每周练习一幅字、每周拍摄一幅景"，以诗魂塑造灵魂。在节假日期间，积极开展美育社会实践活动，引导学生"观美景、行美事、养美德"，成长为一个"腹有诗书气自华"的弘毅少年。

5. 爱劳——以勤劳行至乐劳

劳动教育能让学生学会劳动技能，增长生活见识，还能磨炼意志，养成吃苦耐劳的精神。庆平班的学生大多都是独生子女，通常"十指不沾阳春水，一心只读圣贤书"。因此，开学的第一次家长会，我就与家长达成共识，要求常态进行班级劳动，主动参与家务劳动，积极开展社区劳动，在劳动中增长技能，锻炼意志品质。

五、特色与成效

立足我校"办负责任的学校，培养有责任感的学生"的办学理念，深入挖掘庆平精神的丰富内涵，一以贯之地培养有理想、有担当、有抱负的新时代人才。融合学校资源、家长资源、社会资源，从理想信念、传统文化、生涯规划、心理健康等方面，开发了"弘毅"特色课程，促进学生思想提升和身心的健康发展。充分利用周边地区的自然地域资源、红色文化资源、社区企业资源等，共筑多元化育人情境，开展多种研学活动，提升学生的综合素质。

如今，一个团结向上、学风淳朴的班集体初见雏形，基本实现高一阶段"提升班级归属感，树立成长目标，立弘毅之志"的发展目标。班级荣获校级"精神文明班集体"、市级"优秀团支部"等称号；参加各项社会服务、爱心捐赠10余次，获得家长、学校、社会的一致好评；18位同学在征文、演讲、知识竞赛、信息技术、游泳、射箭、跳绳等比赛中荣获省、市级奖项。

构建"大思政"教育格局，
创设"一二三四"育人模式

■ 天津市第四十三中学　刘畅

◆--------　班主任简历　--------◆

刘畅，天津市第四十三中学思政教师，南开区领航教师，南开区骨干教师。所带班级被评为全国五四红旗团支部、天津市优秀团支部、天津市优秀班集体。在天津市第五届中小学班主任技能大赛中荣获一等奖第一名。

◆--------　班主任宣讲　--------◆

一、育人理念

为了落实立德树人根本任务，实现"三全育人"的教育方针，我提炼出人文思政班的"大思政"教育格局：以"人文思政"为教育主线，让"情境式思政"浸润青年意志品质，砥砺青年勇于担当。创设了"一个核心、两条主线、三位一体、四个一"工程，简称"一二三四"育人模式。

二、班情分析

班级被学校命名为人文思政特色班。这个班最大特点是班里的学生全选政治且女生偏多，因此思政意识强、表达能力强、规则意识强、学习能力强，是我班的明显优势，但同时也表现出多敏感、少实践、弱心理等劣势。所以我们要积极发挥思政优势，扣好学生成长的第一粒扣子。

三、班级目标

根据本班特点，结合立德树人育人要求，我制定了班级目标。

班级整体目标：助规划、强实践、促沟通、提自信。

学生发展目标：刻苦学习知识，坚定理想信念，磨炼坚强意志，锻炼强健体魄，成为为实现中华民族伟大复兴的中国梦时刻准备着的有用之才。

四、实践做法

（一）凸显"一个核心"

一个核心是：构建以思政为核心的班本课程体系。

具体做法：每个学期以时间节点纵向规划课程体系。

9月开学了，第一堂课上，我和学生分享了"开学了，总书记这些嘱托要牢记"。那一句句的嘱托，学生牢记心间：刻苦学习知识，坚定理想信念，磨炼坚强意志，锻炼强健体魄，为实现中华民族伟大复兴的中国梦时刻准备着……这些要求也成为了班级学生的发展目标。

10月国庆节，在"信仰的力量"主题团队日活动中，思政班演绎了话剧《国歌》，用戏剧和音符敲响同学们心底的奋进之声，《国歌》在天津市文艺展演中荣获市级二等奖。

3月纪念周总理诞辰，我们班的团员来到周恩来邓颖超纪念馆，用"楷模教育"激发学生原动力，培养恩来精神。五四青年节给学生讲述"总书记对青年提出的六点希望"，希望引导和帮助学生树立正确的价值观和人生观。

7月党的生日，学生邀请老师走进朗读亭，在诵读中感受党的初心和使命。

一堂堂生动的情境式班本思政课程，使学生沉浸在浓郁的教育氛围中，坚定理想信念，志存高远，脚踏实地，勇做时代的弄潮儿。

（二）建立"两条主线"

1. 一条主线：强化班级内在管理

（1）培养班级"管理班子"。

抓好班委和团员两支队伍建设。由于班级中学生会成员就有 8 名，2 名学生会主席均在我班，所以我为班委私人订制了培训课程。团员每个月按照"三会两制一课"内容，制定团课、团支委会和团小组会。

（2）师生同上思政课。

我们聆听过区委书记的思政课《让最美青春在新时代闪耀绽放》。作为一名思政班主任，要发挥人文思政特色班级的优势，要讲好思政班的故事，也讲好中国故事。同学们聆听了团支部书记宣讲学习党的二十大精神的思政课。学生们竞相报名，在思政课上与大家分享"两弹一星""四史"……

在此基础上，班级的常规管理就显得得心应手一些。每天清晨由班长带领全班一起朗读《容止格言》；每天结束由值日班长在班级日志中记录一天的大事小情；每学期末班委要作述职报告，通过民主测评，双向了解班委任职的情况。

2. 另一条主线：引领社会实践体验

（1）推进思政课一体化。

思政班"三刷"中医药大学，我们不仅聆听了抗疫一线的医生给我们讲述那一幕幕感人的抗疫故事，还与马克思主义学院和健康工程学院签订了思政大中小一体化协议。我们主动走进了学校的七八年级，为学弟学妹们宣讲"半条被子"的党史故事，真正让思政教育入脑入心，也获得了学弟学妹们的一致好评。

（2）拓展志愿服务渠道。

我们开展了与天津自然博物馆招牌活动"博物馆奇妙夜"的共建活动，

为小朋友们提供了一次次的生动课程。2021年暑假，河南遭遇重大地质灾害，呼吁年级同学以义卖形式为河南募捐，最终将筹到的善款捐到红十字会，让青春在火热实践中绽放绚丽之花。

在一次又一次充满意义的实践活动中，学生感悟到了团队协作的重要性，也感悟到了奉献的意义。这不仅磨炼了学生的意志，也提升了学生沟通的能力，增强了学生的自信心。

（三）开启"三位一体"育人模式

"三位一体"即学生、家长、学校三位一体的关系，指导家庭教育，促进和谐关系，实现家校合作。

我致力于创新多维度家长会。我尝试开展爸爸们的家长会，邀请爸爸们关注孩子的成长环境和问题，试想台下坐满了爸爸的场景也挺有意思的。我开展了系列线上家长会，包括亲子朗读、心理建设等。当我得知皓方同学一人住在天津，父母由于老家出现疫情无法陪在孩子身边，我就每周给他送去食品，借此机会了解他的心理状态。

当然，家访除了"走出去"还要"请进来"。我坚持开展家长教研日，带领高中党员老师开展了"双减"背景下的家庭教育沙龙，特地请来了外省回津家长滨琦妈妈。家长对天津的教育不太了解，怕孩子在学习和交友方面存在"水土不服"等情况。我通过让家长参与论坛，了解老师每天的安排，带领学生一步一步走出不适圈，来消除外省回津家长的焦虑。会上家长留下了感动的泪水。

2022年1月1日，《中华人民共和国家庭教育促进法》正式实施，这给老师的管理、家长的教育、学生的成长提供了更多依托的理念和界限，这也促进了我的班主任工作更加专业、更加完善。

（四）完善"四个一"工程

人文思政班有"四个一"工程：一份好笔记、一组短视频、一份好报纸、一次团队课。

1. 一份好笔记

每学期进行优秀笔记评选活动。每一份优秀的笔记都是向下扎根的过程，我们的口号是让学生的优秀有"记"可循。

2. 一组短视频

班级开设了人文思政班的专属视频号（微信搜索"讲述思政班的故事"），那里有我们初冬的记忆，有 2021 年的告白，还有我们对高三毕业的憧憬……每年年初，班级总要评选年度优秀人物，那是人文思政班一年一度的盛典，选出的优秀人物都要做成视频进行宣传，这是学生之间的互相认可，也让更多同学找到了身边的榜样，不断砥砺前行。

3. 一份好报纸

班级每月出一份报纸叫《政道报》，是同学们自编自制的报纸，那里记录了我们学习生活和班级多彩的活动，也是家校合作的有力桥梁。

4. 一次团队课

每个月，我班都会创新各种形式的团队课。坚持和巩固党的领导，学"习"进行时。2021 年，为庆祝建党 100 周年，我班学生用德语朗诵了《共产党宣言》，《共产党宣言》是照亮百年征程的一盏明灯。2022 年，为庆祝建团 100 周年，我班团员拍摄了短视频《有我》，青春的年龄展现青春的样子，让我们在青春的赛道上跑出最好的成绩。

五、特色与成效

班级发展理念和育人目标贯穿高中三年。在此基础上，高一年级思政班获得了南开区"恩来班"的称号；高二年级被评为全国五四红旗团支部、天津市优秀班集体；同学们排练的话剧《国歌》获得了天津市文艺展演二等奖；学生用德语朗诵《共产党宣言》获得南开特色朗诵一等奖；拍摄《展望 2035 宣传片》等作品被"学习强国"等平台报道。我班的校学生会主席杜怡雯连续两年获得"天津市优秀学生"称号。

第三辑

文化育人

和育吾生
——"和文化"引领班级管理

■ 天津市北辰区第二模范小学　宋雅

◆--------- 班主任简历 ---------◆

宋雅，天津市北辰区第二模范小学教师，北辰区名班主任，北辰区名教师，北辰区小学语文中心组成员，区级骨干教师，区级学科带头人，在天津市第三届中小学班主任技能大赛中荣获一等奖。

◆--------- 班主任宣讲 ---------◆

一、育人理念

"和也者，天下之达道也。""和谐"是社会主义核心价值观中对基本理念的提炼之一。我希望通过建立民主和谐的师生关系、和谐有序的教学过程以及优化教育教学环境等，促使学生全面而和谐地发展。

二、班情分析

五年级时，我担任这个班级的班主任。在电话访问、入户家访以及与科任老师访谈后，我发现学生集体认同度极低，家长怨言颇多，班级工作配合度低。这样一个班级，亟须增强班级凝聚力和认同感。

三、班级目标

"和悦·和美"的班训寄予着班级发展目标，"和文化"如春风之于草木，寓意着在"和文化"的浸润引领下，学生茁壮成长。

四、实践做法

《天工开物》有言："凡珍珠必产蚌腹，映月成胎，经年最久，乃为至宝。"我希望能如"蚌育珍珠"一样，来重塑我的班级。我将这种管理方式命名为"贝壳管理三段法"。

第一阶段：融，和而合之。这一阶段的目标是通过体验活动，建立中队管理制度，使学生对中队产生认同感与归属感。

第二阶段：润，和而与共。在班级改造过程中，需要持之以恒、多方位地改造，目标在于形成有效自主管理机制，培养自主管理能力。

第三阶段：臻，和而不同。这一阶段的目标是促进学生全面和谐而富有个性地发展。

（一）融，和而合之

融，即为融合、调和。将不同个性的孩子在"和文化"的驱动下合成一体，在这个集体中和睦快乐，其乐融融。我抓住两个着力点：一是悦纳个体，二是悦纳非正式群体。

1. 悦纳个体

班级应包容每一个孩子，成为悦纳每一个孩子的家。为此，我们开展了"悦纳他人特别日"活动。首先，进行团体心理辅导：召开"悦纳他人"团体心理辅导课，在辅导中，不少孩子潸然泪下，诚恳地接纳了彼此。接着，进行个别辅导：针对离群的孩子，进行有针对性的个别辅导。在活动中，孩子们懂得成长的意义，懂得悦纳他人，让"和悦·和美"的班训融入到孩子们的生活中。

2. 悦纳非正式群体

在集体活动中，学生们总会遇到各种各样的问题，我们面对的是新生的一代，他们既然喜欢"身临其境"，那我们就去创设情境，让他们去体验，去感悟。

很多学生在升入高年级后形成小团体，班级管理中遇到这些小团体难免束手束脚，同时被排斥在小团体外的学生对集体活动的参与热情大大降低。

大课间活动是消除抵触情绪的一把利刃。我设计了游戏"和合球"，将学生分为两队，"攻方"围成四边形，用沙包攻击在内的"守方"。每5分钟攻守交替，被沙包攻击到的学生退场休息。游戏很简单，却让学生懂得合作、团结。

我还在教室的一面墙上布置"和风珍贝"评比栏，将全班43名学生分为14个"贝壳小组"，每一个小组拥有一枚纸贝壳。这枚纸贝壳将被张贴在墙上的评比栏中。小组的三名成员作为"养珠人"。根据各小组的表现每周评定"养珠"任务是否成功，成功则在小组的贝壳上贴一颗白色纸珍珠。

一个特定的情境，一次亲身的体验，胜过教师的千言万语。班主任是为学生发展提供丰富资源的"参谋"，让学生主动选择，主动发展，在体验中增强班集体的凝聚力，形成"和悦·和美"的学习、生活氛围。

（二）润，和而与共

砺沙成珠的过程，必定是一个艰难的过程。白居易在《与元九书》中有云："感人心者，莫先乎情，莫始乎言，莫切乎声，莫深乎义。"我本着"和悦·和美"的班级精神之所在，通过共情，用爱滋润每一个孩子的心灵，细腻地呵护着他们细微的情感。我抓住两个着力点：一是情感的润泽，二是书香的润泽。

1. 情感的润泽

情感是帮助学生个性发展的重要方式，这里所讲的情感就是教师对学生的爱。一个经常受到教师真诚爱护的学生，就会从这份情感中感受到肯定与鼓励，这是学生自信心建立的有效方式。同时，他又从自己所感受到的关心、爱护中，学会关心他人，对人友爱，最终形成"和悦·和美"的班级氛围。

在母亲节，我们开展了"大声说爱你"活动，将家校连接起来。我请同学们采访自己的父母，记住父母的三个愿望，以及最高兴的事、最烦恼的事。在班会课上，学生争先恐后地说了起来，这些事情无一不是围绕着孩子的。"那我们自己的愿望有没有围绕父母的？"教室里安静了下来。我抓住契机，和学生一起分享母亲节的含义，分享母亲节的故事。我对孩子们说："先学着表达爱，再学着回报爱。现在请你给你的妈妈打个电话，说'妈妈，我爱你'。"同学们用我的手机拨通电话的瞬间，泪流满面，电话那头的家长也是几度哽咽。

"大声说爱你"这个活动，既是在表达爱，也是在用爱润泽孩子们的心灵。

2. 书香的润泽

通过书香的润泽，实现阅读对心灵的润泽，达到"和"的境界。在培养学生的读书习惯时，我通过着力打造"习静静，书曼曼"的主题阅读活动，引领学生变阅读为"悦读"。

（1）读。

每周一绘本阅读课，师生共读一本绘本，除了老师的专业指导，更有学生的无穷想象。两年间师生共同阅读绘本达40余本。在阅读绘本的基础上，我和学生共同编绘完成《问·春》《不死毒王之死》两本自创绘本，四人小组共同完成一页，再装订成册，极大地激发了学生们的读书热情。我们还在班级开设"读之岛"活动，师生轮流分享经典美文。每两周共读一本书，完成阅读笔记。鼓励学生与父母进行亲子共读，完成《书里的秘密》阅读笔记。

（2）享。

每两周召开一次"说来听听"读书分享会。有时我们就阅读笔记《书里的秘密》进行小组交流，有时我们以读书知识竞赛的方式分享体会，有时我们开设"小小百家讲坛"分享心得，有时我们在班级微信群中诵读美好的文字……

（3）乐。

为了调动学生的阅读激情，我给德国驻华大使馆发送邮件，为班级的每一位队员申请一套德国文化书籍。当沉甸甸的箱子抬到班里时，孩子们无一不欢呼雀跃。43套书籍，逐一发到孩子们手中，每个人都难掩兴奋，爱不释手地阅读起来。这次"大使馆的礼物"特别日活动为"文化主题阅读月"的活动开展注入了动力，也为学生的自主发展注入了动力。我还与远在武汉中山路小学四（2）班的老师联系，共同开展书香传递活动。将孩子们的学习生活、读书心得等情况与远方的小伙伴交流，采用的是复古的书信方式。当一封封带着墨香的信笺在孩子们手中展开时，微笑也在孩子们脸上绽开。

"习静静，书曼曼"的主题阅读活动为培养学生的读书习惯提供了沃土，极大地改变了学生的读书行为，为实现学生的和谐发展注入了强大的动力。

（三）臻，和而不同

"和而不同"是中华优秀传统文化的核心思想。基于这一理念，我在班级中多方位地为学生搭建展示的平台，促进学生的个性发展。我抓住两个着力点：一是铺设平台，二是激发动机。

1. 铺设平台

铺设平台是学生发展个性、彰显个性的最佳渠道，是"和文化"绽放光彩的有效途径。例如，我们开展"赏味会"活动，让每位学生在暑假学习制作一道美食，并勤加练习，成为拿手菜。在开学初的周末准备好这道菜，并绘制有关这道菜的制作方法、菜品说明等，制作成立形广告牌，周一早上带到学校。这一天，我们早早地将教室布置成U形展台，一道道美食和菜品广告牌摆放整齐。孩子们在饕餮盛宴中穿行，文字与美食齐享，在享受他人之美中快乐成长。

2. 激发动机

通过有效地激发学生的内在动机，学生借由自主的选择享受选择的自由，实现个性和谐发展。在每个学期伊始，我会发给学生一到两张免除券，允许学生每个学期有一到两次没有完成作业时使用，不必给任何借口或解释也不受惩罚。在后期，免除券的形式更加多元化：抄写免除券、午餐共享券、短信表扬券、电话表扬券、错误减半券……特别奖励券的获取就需要学生努力，如语文默写 5 次 100 分即可换取抄写免除一次，成绩进步、纪律进步可换取短信表扬券、电话表扬券。为了防止这些奖励券的"黑市"交易，每张券必须写好姓名，不得涂改。教师也要对奖励券的使用做好记录。有的学生一学期攒了好几张奖励券，一张也没有使用，期末时可以换取小礼物。

这一策略受到学生的欢迎，因为他们享有了一定的自主权。作为班主任，要承认并正视学生的差异，尊重学生个性的独特性、自主性和创造性，以"和而不同"的理念促进学生的多元发展。

五、特色与成效

在"和文化"引领下，透过"贝壳管理三段法"，形成一个中心、三条路径、六个着力点的发展模式，交织成合力，呈现螺旋上升的态势。班级中事事有人做，每一个孩子都发自内心地热爱这个班级，为了班级荣誉而拼命努力。有一位家长在班级群中留言："我的孩子真心热爱班级，喜欢她的老师，珍惜同学们的友谊。"这句话戳中了很多家长的心，班级开展活动时，不少家长主动伸出援手，一改往日漠不关心的样子。夏天酷暑难耐，几位家长自发轮流每天中午为 43 名学生送来酸梅汤；冬天流感肆虐，不少学生相继病倒，但没有一名学生落下功课，因为他们的小组长已经通过微信将课程内容视频发送给请假的学生，并为他们答疑解惑。

芃朋并进，砺行致远

■ 天津市河东区缘诚小学　朱彦霖

◆-------- 班主任简历 --------◆

朱彦霖，天津市河东区缘诚小学教师，河东区教育系统优秀教师。在天津市第三届中小学班主任技能大赛中荣获一等奖，所带班级被评为天津市中小学优秀班集体。

◆-------- 班主任宣讲 --------◆

一、育人理念

高尔基说："人是文化的创造者，也是文化的宗旨。"一个温馨的班级，是经过优秀文化浸润结出的果实。班集体促进个人发展，优秀榜样引领集体成长，以面促点，以点带面。同龄人之间的相互影响是直接而深远的。我尝试在"朋辈引航"理念下，以培养全面发展的人为核心，从文化品格、自主发展、社会参与等方向，培养学生的品格与能力。

二、班情分析

班级有 45 个稚嫩、活泼、灵动、俊秀的儿童，秉笔直书诉华年，欢声笑语满校园。他们是热爱自然、热爱生活，崇尚科学、自信乐观的少先队员，每个人都在这里开辟出自己的一片天地。

三、班级目标

班级目标是"一天两天，天天向上；一步两步，步步登阶"。教师孜孜不倦的教诲和学生锲而不舍的努力相结合，教学相长体现在每一天的学习生活中。这里是师生精心耕耘的田园、痛快玩耍的乐园、温暖安全的家园。

四、实践做法

（一）经典涵养，文化品格

《诗经》云"我行其野，芃芃其麦"。班级取名"芃朋班"，"芃"是草木茂盛的样子，"朋"意为彼此友好、志同道合的人。最初的灵感源于班级一位学生的名字，在她的生命之初，父母寄予殷切希望，期待她如树苗一般茁壮成长。我希望借助中国诗歌的生命起点，作为学生的文学启蒙，让学生对班级产生深深的归属感。越来越多的孩子尝试寻找自己姓名中的美好寓意，从生命的原点开始探索自己的人生旅程。

我们的班训是"日有进，月有变，年有成"，班风是"谦虚和睦，助人助己"。无论男孩女孩，都要争当"君子"，谦逊礼让，敢作敢当。成长在新时代的少先队员，必将传承中华民族的传统美德，发扬中国人自强不息的精神，成为一名真正的时代好少年！

"作家进校园"活动中，《泥土里的想念》的作者宋安娜女士向孩子们讲述了这部写犹太人在中国真实历史的儿童文学作品。同学们积极与作家交流心得，在感受天津地域文化与和平、成长主题的同时，也学到用"老虎褡裢"作为线索串联故事的写作方法。我顺势迁移，紧紧抓住人文主题和语文要素两条线索，将知识生活化、常态化。像这样立足教材，链接课外资源的实践还有很多，如学习《刷子李》，引导学生查阅作家冯骥才生平，了解天津码头文化等。

我们在班级微信群里开展了"小书虫养成记·在农历的天空下"活动。这是以二十四节气为主题，但不止于节气的一场旅程。二十四节气古诗词，为文字镶嵌生活气息，赋予光阴以诗意。阅读成为孩子们童年的营养品。学生纷纷参与其中，籽好讲解二十四节气来源、演变常识；秀彬分享二十四节气的诗画；家梦朗诵二十四节气歌……通过一次次的互动，孩子们用诗词诠释季节的味道，让生命向着诗歌、向着大自然敞开，诗意地栖息在校园里。人文积淀由此开始。也许孩子们现在还不能完全理解诗词的意义，但数年之后，他们定能感受到早早埋藏在童年的人文情怀。

人文底蕴助芃朋少年拥有宽厚的文化品格和更高的精神追求。

（二）榜样引航，自主发展

自主性是人作为主体的根本属性。课堂上回答问题时，我总会等待有三位及以上的学生举手，才开始点名问答。同学之间相互启发，相互完善，敢于回答，主动回答，逐渐形成乐学善学的氛围。"每天进步一点点"表格人手一份，默写正确获得一枚印章，让学习成果看得见，同时督促粗心的同学勤于反思。

随着"互联网＋"普及，我借助新媒体资源，及时把学生的精彩瞬间用图片、视频来展示，定期发布优秀作业；借助社会力量，收集公益活动信息，如绘本共读、国内外优秀动画片展播、隔代教育讲座、单亲家庭孩子的心理疏导等，筛选优质活动推荐给学生和家长，多途径、多领域促进家校共育。

教育绝不仅是关于知识的，知识的获得原本应是自我完善的附属品。芃朋少年学会学习、健康生活两不误。"足球小将"坚持专业训练，带领芃朋队员们以精湛的脚法、犀利的射门和默契的配合赢得足球联赛冠军。他本人更是获得"金靴奖"，实至名归。学生自主设计了足球队徽：雄鹰代表昂扬的斗志；盾牌象征团结一致，坚不可摧；红白相间的足球代表对足球运动的热爱。

校园里，学生们认真对待每一次消防安全演习和地震疏散演练，树立安全意识，提高自我保护能力。利用假期，我邀请家长和学生一起观看儿童心理剧。通过角色与现实的联系，学会正确处理情绪问题；家校联手，启蒙心理健康知识。看过心理剧的学生在心理健康班会上游刃有余，带动全班同学，开启认识自我的大门。

学会学习、健康生活共绘出彩人生。芃朋少年逐渐明晰人生的方向，养成健全的人格。

（三）实践引领，积极参与

社会性是人的本质属性。作为航天特色校，学生们参观展览馆，了解中国航天历程，和"大飞机"近距离接触。回到校园，学生讲解员也一本正经地为来访者介绍航天知识，民族自豪感和使命感油然而生。

作为优秀班集体，在六一儿童节前夕，我班受邀参加"我和2049有约"——天津市未成年人迎庆新中国成立70周年主题活动暨2019年第一批天津市"新时代好少年"事迹发布会。学生在现场聆听了充满时代气息、生动感人的青少年先进事迹，领略了机器人"悟空"的主持风采。向榜样看齐的同时，学生也时刻牢记习近平总书记的谆谆教导，勤奋刻苦，拼搏向上，无愧时代嘱托，做新时代的文明少年，为"五个现代化天津"建设贡献自己的力量。

习近平总书记强调："要在学生中弘扬劳动精神，教育引导学生崇尚劳动、尊重劳动，懂得劳动最光荣、劳动最崇高、劳动最美丽的道理，长大后能够辛勤劳动、诚实劳动、创造性劳动。"芃朋少年不仅主动参与家务劳动，更是热心公益、志愿服务，社会责任感逐渐养成。秀彬、东蓢代表班级作为志愿者到"书香小站"参加红领巾公益岗服务工作；梓诺同学因为表现突出，获得社区文明实践站"时代好少年"称号……这样的榜样不胜枚举。

作为新时代少年，爱国是这个时代的最强音。在中国共产党成立100周年之际，学生通过"我与国旗合张影"活动，将自己眼中祖国的美丽景色介绍给伙伴。对于小学生来说，这是提升对国家认同的好方法。引领学生欣赏祖国的大好河山，浓浓的爱国之情自然就会在学生的心中升腾。芃朋少年在责任担当和实践创新中，正在成为有理想信念、敢于担当的中国人。

五、特色与成效

青春正当时，阔步向未来。少年儿童时代是人生的开端，是最美好的人生阶段。这就像穿衣服扣扣子，人生的扣子从一开始就要扣好。作为一名班主任，我努力创造机会让学生尽可能多地体验生活。这些踏歌前行、满腔热忱的孩子，随着慢慢长大，他们将会懂得：对世界的好奇、解决问题的能力、适度的自信、善于学习、愿意独立思考、善待周边的关系等，是获取知识的"必备品"。一个真正自我完善的人一定会不断思考人生的意义，并探索自我的潜能。

聚六年求索，跬步千里；载岁月长河，厚积薄发！芃朋少年正在积淀内在的学习动力，成为具有正确价值观和社会责任感的社会主义接班人。

方圆定乾坤

——"方圆文化"下的治班方略

■ 江西省南昌市育新学校　徐小英

◆--------- 班主任简历 ---------◆

徐小英，江西省南昌市育新学校教师，南昌市东湖区优秀教师。荣获江西省第一届中小学班主任基本功大赛一等奖。2021年，被江西省推荐参加全国中小学班主任基本功展示交流活动。

◆--------- 班主任宣讲 ---------◆

一、育人理念

马卡连柯曾经说过："活动教育了集体，团结了集体，加强了集体，以后，集体自身就能成为很大的教育力量了。"班级如同一个大家庭，同学们如同兄弟姐妹般互相关心、帮助，一起长大、成熟，良好的班级管理能凝聚人心，形成强大的凝聚力。我的带班理念是：以班级活动为载体，以班级实际为基础，发挥学生的主动性、积极性、创造性，培养时代新人。

二、班情分析

班级共有学生47人，男生30人，女生17人，男生比例高于女生。

学生优点突出：（1）包容性好。孩子们在班级中友好相处，相互谦让，班级氛围和谐。（2）兴趣广泛。绝大多数孩子多才多艺，音乐、书画、体育项目基础良好。（3）富有爱心。心中有他人，热心公益。

不足之处也较为明显：（1）不爱劳动，劳动自觉性不强。他们会有推脱劳动任务的行为，也不主动承担劳动责任。（2）依赖性较强，自信心偏弱。他们常会逃避学习任务和各种活动，没有来自外界的鼓励则不敢尝试。（3）自我规划意识和目标意识较弱，欠缺自我发展的主动性。多数学习兴趣培养活动都是被动参加，没有主动发展的意识。

三、班级目标

我将班级的目标定位为引领规矩、张扬个性，一起创造初中三年的美丽风景。我班以"方圆文化"为管理理念，齐力营造和谐、健康、奋进的班集体。

四、实践做法

针对班级具体情况，结合班级发展目标，我采取"五个一"工程治班措施。

（一）一种特色的班级文化

俗话说：没有规矩不成方圆。"方"代表原则、根本。班级管理中的"方"指管理的规范，如班风的建设、班干部的培养、班级制度等。"方文化"是班级文化建设的根基和导向。

1. 设计班级昵称、班徽、班歌

"仰望星空，脚踏实地"是育新学校的校训，依据校训，同学们提议、投票评选出班集体的名字——星空班。"星空"寓意梦想，五彩斑斓，星空中的繁星寓意47个孩子不同的个性，也寓意星空班的独一无二。

班徽由"7、火焰、丝带和翅膀"有机结合。班徽有三层含义：一是总体像一只展翅翱翔的天鹅，象征7班拼搏的学子；二是熊熊的烈火体现出7班学子浓烈的学习热情，同时数字7和火焰组成火炬，有传承的寓意，时刻提醒同学们要继承学校优良传统并发扬光大；三是翅膀呈双手打开状态，象征全班合力建设更好的7班。

班歌《少年》激励孩子们拼搏进取，向未来奔跑。每次班会课前，每次集体活动时，孩子们会齐唱班歌，感受集体的幸福快乐。

2. 教室特色布置法

苏霍姆林斯基说过："让学校的每一面墙壁都开口说话。"这是利用墙壁因素去陶冶感染学生，是一幅"有主体的画"，是一首"无声的诗"，但情深意切，融知识性、教育性、艺术性于一体，达到润物无声的教育目的。

开学初，我带领家委会成员和孩子们一起布置教室，让教室里的每一个角落都鲜活起来。

桌椅定位：在桌子的一角贴上标签，这样便于老师、同学彼此熟悉姓名。

墙面布置：在墙报上，我们开辟了一个栏目"方圆符号会说话"，鼓励学生将班级的种种要求以符号的形式展现出来。比如，画一幅手机的简笔画，在它上面再画一条红色的斜线，表示禁止将手机带到校园里。

会变装的黑板报：定期更换板报，每期结合时令、节日确定主题，锻炼和提升学生的自主创新能力。

（二）一个爱阅读班级氛围的营建

普希金曾说："读书是最好的学习。追随伟大人物的思想，是最富有趣味的一门科学。"

1. 走进图书馆——体会图书之美，尽享阅读之趣

读万卷书，行万里路。图书馆为人们打开了通往知识的大门，引导人们追求知识，拓宽视野。我带领学生走进学校图书馆，他们知晓图书馆承载着一座城市的文化景观，也是传承历史文化与人文精神的载体。图书有

香，孩子们的笑容更香；图书有趣，孩子们的笑容更有趣。我还让家长带孩子走进省图书馆，与孩子一起阅读，一起分享，优化亲子关系。

2. 班级阅读会——跟书比高度，读书分享会

开学之初，我为每个孩子和喜欢的书拍个合照，一张张照片中，孩子的笑脸和书之静美相映成趣；班级举办趣味活动——"跟书比高度"：同学们把从一年级开始到现在读的书摆成一摞，用书本摞起来的高度来看自己一共读了多少书，鼓励同学们读比自己更高的书、比别人更多的书。开展以"芳芳源源读书分享"为主题的系列读书分享会，帮助同学们把阅读变为"悦读"。

3. 亲子间阅读——建立家庭亲子阅读联盟

吉姆·崔利斯在《朗读手册》中说："你或许拥有无限的财富，一箱箱的珠宝与一柜柜的黄金，但你永远不会比我富有，因为我有一位读书给我听的妈妈。"亲子阅读的重要性不言而喻，每天在固定时间进行亲子阅读活动会成为亲子关系的粘合剂，加快了"书香家庭"的家风建设。培养阅读习惯，体会图书之美，享受阅读之趣，让阅读成为一种令人向往的生活方式。

（三）一个学生也不能落下

"圆"代表应变、融合。班级管理中的"圆文化"是指管理的灵活性，如管理的技艺和策略。"圆文化"是班级管理的艺术形式，班主任通过自己的爱心、耐心及创造性的管理方法营造和谐的班级氛围，增强班集体的吸引力、凝聚力，塑造良好班风，促进学生健康成长。

让每一个学生都能自觉主动地学习，让每一个学生都能在轻松民主的氛围中获得进步，让每一个学生都体验到成功的乐趣，他们才会对学习充满兴趣，而学习兴趣是主动学习的主要动力。

1. 打造一个学习共同体

（1）成立班级学研组。

按学科筹建学研组，经历这样的选拔过程：学生自荐＋科任老师推荐—

确定人选—竞聘选拔—确定最终人员。

（2）运营班级学研组。

颁发班级学研组成员证书，确立学研组组长；根据不同学科，开展班级学研组特色活动，如语文"我是演说家"、英语"朗读我在行"、地理"手工地球仪大比拼"等活动，发挥集体智慧，全员参与，共同提高。

（3）成立班级讲师团。

颁发星空班讲师团成员聘书，建立讲师团制度。

（4）讲师星级评定。

每一个月由老师和全体同学一起综合评定打分，分"星星、月亮、太阳"三个等级，颁发奖牌和奖状给优秀的讲师。班级学研组的成立提升学生们对班级活动的参与度，激发孩子们的学习热情，讲师们的表率和引领给他们树立榜样，彼此都加深对学科知识的理解，共同享受到学习的成就感，产生"1+1>2"的效果，营造一个拼搏向上的班级共同体。

2. 让后进生成为班级管理的主力军

一个班级中会有一些行为习惯较差的后进生，调动发挥他们参与班级的主动性，培养良好的学习习惯，对创建生动活泼、富有个性和创意的班级管理模式至关重要。

（1）激励课堂表现——特殊的点名。

在课堂中，我会关注那些坐不住的孩子的课堂表现，当他们上课专注、思维敏捷时，及时表扬，树立榜样；降低问题的难度，专门点名从不开口发言、学习被动的孩子回答问题，一旦正确，给予鼓励；提倡以进步为标准的评价体系，激发他们不断自我提升。

（2）融入班级管理——人人有事做。

定岗定人，促使班级管理井然有序。我巧妙地设置了各种新颖的岗位，如"文明小天使监督岗""卫生岗""学习监督岗""才艺展示岗"，设置的职位如"灯管""水管""空管""电管"，明确每个岗位的主要职责，鼓励他们积极负责班级常规管理、检查卫生、组织体育活动等，达到"人人有岗，人人定岗；人人有事做，事事有人做"。

3. 心灵殿堂诉心绪，家访调查解心结

为了更多地了解孩子们的思想动态，走进他们的内心，我在班级里开设"心灵殿堂"活动，孩子们通过写便利贴、写信或者发短信的方式，向我诉说他们的烦恼。

（四）一个学生就是一种特殊的存在

1. 发挥特长，不同舞台显风采

"双减"政策下，学校开展多种特色辅导课，如中草药、合唱、器乐、美术、编程、文学素养、阅读会、体能训练等课程，学生们通过学校平台自愿选课，通过多种特色课程提升学习思维。此外，学生们积极参加其他特色活动，如学画思维导图、科技创新、阅读沙龙、参观科技馆、讲中国故事、向榜样学习、夸夸我的偶像……

2. 欣赏"特殊"，了解"特殊"

初中学生处于叛逆期、思想活跃，有时会出现行为或心理特殊的学生。我通过座谈、咨询、谈话、聊天等交流形式，与特殊学生展开全面对话。主动参与一些学生活动，为其定制一些帮扶团队，让其承担一定的责任，从特殊学生的个性爱好出发，为其提供更多展示机会，激活其内在潜力。

班里有一个特别顽皮的学生，平时还有暴力倾向，其他学生都比较畏惧他。我对其情况进行摸底调查，掌握了其性格成长存在缺陷的原因。这孩子家庭条件非常优越，从小娇生惯养，父母溺爱，导致他自我中心意识强烈。分配学习小组时，他被剩下了，谁都不想和他一组。我进行特殊安排，让他给我当助教，"班主任＋特殊学生"帮扶对子形成。为鼓励这个学生进步，我经常在不同场合对其良好表现表示肯定和表扬。经过一段时间的磨炼，特殊学生得到了特殊管理，行为进步很大。

（五）一份特色班级管理大数据

1. 家校联动促发展

教育只有将家庭、学校、社会三方力量融合，才能真正发挥作用。

（1）"星爸星妈"进课堂。

邀请星空班的家长们走进校园，和孩子们一起学习，一起感受成长。结合家长的职业，邀请父母上班会课，班会主题精彩纷呈，有法官爸爸的普法课，医生妈妈的心肺复苏训练，交警爸爸的交通规则竞赛等；利用家长资源，让孩子们到父母的工作地体验，比如：在中医院工作的爸爸带领孩子认识中草药；在博物馆工作的妈妈充当导游介绍红色历史；在蛋糕店工作的妈妈准备烤箱、模具、饼干制作材料，带着孩子们动手创造美味，体验劳动。孩子们增长了知识，耳濡目染地感受爸爸妈们的勇气、担当和奋进，增强了自信和勇气。

（2）变形记——"星爸星妈"当一天班主任。

有时家长觉得自己的孩子什么都很好，看不到自己孩子与其他孩子的差距，有些家长对班主任的工作不太了解，引发观念冲突。"家长当一天班主任"活动可以让家长亲自了解孩子的课堂表现，了解班主任工作的一日常规。通过这项活动，家长们纷纷表示以后要换位思考、理解老师。他们明白了家庭教育的重要性，明白要提高自身的育儿理念，积极配合学校教育，重视孩子行为习惯的养成。

2.班级策略分享促进教师成长

运用现代信息技术，将班级工作中的亮点措施以案例的方式进行整理，对学生不同情况的应对措施进行分类，通过多种手段整理出一份班级大数据。通过校内班主任工作分享会，将自己的带班策略分享给更多年轻的班主任，在交流中互相学习、取长补短，共同成长。

五、特色与成效

所带的班级获得了"最美班级"荣誉称号；在运动会上，荣获年级团体总分第一名；荣获男子篮球比赛冠军；荣获"强国有我"黑板报比赛一等奖。

星空班的孩子们，努力踏实，积极奋进，团结明责。他们越来越自信，爱班爱校，积极加入校学生会，参与校园志愿者服务。在艺术节、人工智能比赛中频频获奖。一如班诗中所写：紫藤花，紫藤花，淡淡开放久飘香；败不馁，胜不傲，默默美丽人人夸。

在带班的过程中，我领悟了"教学相长"的深刻内涵，学生们在进步，我也在成长，在收获。我还收获了来自家长和孩子们的肯定，暖暖师生情温暖人心。

"忠、勇、义、速、慧"，"五育并举"建班魂

■ 广西南宁市第十四中学　司徒杨子

◆········· 班主任简历 ·········◆

司徒杨子，广西南宁市第十四中学教师，"南宁·东盟人才活动月基础教育高端教育人才"巡讲团成员，2017年荣获南宁市中小学班主任技能大赛一等奖。2021年，被广西推荐参加全国中小学班主任基本功展示交流活动。

◆········· 班主任宣讲 ·········◆

一、育人理念

班级管理的根本在于落实立德树人的根本目标，"五育并举"，促进学生德智体美劳全面发展，引导学生树立远大理想，以实现中华民族伟大复兴为己任，增强做中国人的志气、骨气、底气。

在动物界中，猎豹是奔跑加速度之王，是深思熟虑、耐心等候的猎手，是活跃在白天的智者，会合作共生，又有着自己的个性。我将猎豹这种"忠、勇、义、速、慧"的特点，融入到班级精神和文化建设中，培养学生具备猎豹的精神品质，形成了独特的"猎豹"班级文化。

二、班情分析

班级的学习氛围浓厚，学生能入室即静、入座即学。学生学习目标明确，每日能进行自我反思，合作学习氛围浓厚。

学生与教师之间有良好的互动，学生信任老师，愿意与老师交流，希望得到老师支持。高一新生之间紧密度不够强，班级团队刚建立，同学相互认识的时间较短，所以同伴关系处于既不矛盾也不紧密的状况。

部分学生家长积极参与学生教育工作，能够调动自身资源，协同育人，实现教育时间和空间上的延伸和无缝对接。

三、班级目标

以"猎豹精神"为目标，以养成教育和学法指导为重点，通过开展丰富多彩的文化活动，构建班级合理的文化制度、良好的文化环境、和谐的文化关系，努力营造互助友爱、民主和谐、健康向上的集体氛围，打造有温度的班级，帮助学生全面发展，让每一位学生在自己的跑道上奔跑，成为最好的自己，成为肩负起民族复兴大任的时代新人。

将猎豹的"忠、勇、义、速、慧"融入班级文化，遵循育人规律，制定学生发展和成长的三年规划，将班级文化的内化和班级活动的外化结合起来，帮助学生由"雏豹"成长为"俊豹"，最后达到班级育人目标——"猎豹"。

四、实践做法

苏霍姆林斯基曾说："无论是种植花草树木，还是悬挂图片标语，或是利用墙报，我们都将从审美的高度深入规划，以便挖掘其潜移默化的育人功能，并最终连学校的墙壁也在说话。"打造好班级文化阵地，塑造好班级气质，把班级文化具体为全体同学认同的班级符号，并通过一系列主题活动，不断强化班级群体对班级文化的认同，把班级精神通过外化的行为体现出来，能在育人过程中起到事半功倍的作用。因此，我注重班级气质的塑造，用"猎豹"特色打造班级的硬文化和软文化，即班级的环境建设、精神文化建设、制度文化建设和行为文化建设。

（一）教室环境赋能，建"小猎豹之家"

班级是学生学习、生活、交往的主要场所，是教师授业育人的阵地，是师生情感交流的地方。好的班级物质文化可以给学生增添生活与学习的乐趣，同时培养学生正确的审美观念，陶冶学生的情操，激发学生热爱班级、热爱学校的感情，促进学生奋发向上，增强班级的向心力、凝聚力。

1. 形成班级符号

想要有效发挥班级德育功能，需要增强同学们的班级意识和班级认同感。因此，在班级成立之初，我要塑造班级气质，向班级全体同学征集意见，并结合学校"君子品质，家国情怀"的育人目标，总结提炼出"忠、勇、义、速、慧"的班级精神，创建班级名号"小猎豹之家"，比喻班级里的同学人人都是小猎豹，人人都像猎豹一样。以"猎豹"为标志，号召学生设计班徽、班旗、班服，形成一系列的班级符号，增强同学们的班级意识和班级认同感。

2. 创建优雅环境

走进"小猎豹之家"，教室的两侧贴着警示标语，时刻提醒着"小猎豹之家"的同学们成为能堪当民族复兴大任的时代新人。教室前方是"悦读书吧"，促使同学们成为爱阅读、会思考的社会主义接班人。板报上醒目地写着"忠、勇、义、速、慧"的班级精神；墙上贴满了两年来班级荣获的奖状和优秀学生事迹，激励着同学们继续努力向上。

实践证明，把教室建设成一个"愉悦的场所"，优雅的班级环境能使学生在不知不觉中受到暗示、熏陶和感染，猎豹精神的物化从外在给予学生能量，给予学生精神支持。

（二）制定班级制度，筑"小猎豹之骨"

"小猎豹之骨"，即猎豹班的骨骼支架。"小猎豹之骨"在于日常管理，也在于班级学生的主人翁意识。以制育人，形成严明纪律，促成优秀班风。

1. 培养"猎豹使者"

为了培养学生的自主发展能力，班级管理主要由两个班级组织——班委会和学习共同体（"猎豹使者"）负责，两者相互合作、相互监督。

班委会采用班长总负责，班干部分部门管理的办法。班长是总负责人，下设三位副班长，每位副班长管理、监督并分担所分管的班委工作。为了更好地锻炼学生的管理能力，实行值周班干部制度，由值周班干部负责管理本周的班级日常工作，主持召开班干部会，并要求值周班干部利用班会课做工作小结，向同学们总结班级一周的工作情况。

学习共同体在培养学生主人翁精神、发展学生自主管理能力中发挥着重要作用。共同体的成员结成紧密合作伙伴关系，扮演不同的角色，从而实现共同体利益最大化，进而促进班级管理的优化。共同体内设常务组长1名（负责监控共同体内各项事务的运行），学科组长6名（负责监控共同体内的学习情况），劳动组长1名（负责监管共同体的劳动任务完成情况），纪律组长1名（负责监管共同体成员遵守校规校纪），学习共同体成员之间相互帮助，合作共赢，荣辱与共。

2. 制定"猎豹公约"

班级实行"清洁卫生承包责任制"。值日安排分工细致明确，责任落实到个人，让值日工作更加细致有效，要求值周班长和劳动委员落实监督到位的主体责任，确保班级干净整洁。"清洁卫生承包责任制"中，由"环保小分队"承包每天的教室清洁卫生工作。清洁卫生工作责任到个人，由小分队成员认领清洁工作。"环保小分队"内设立队长（即劳动组长），由队长对成员进行清洁卫生工作培训，督促组员完成卫生清洁工作，并接受班级环保大队长（即劳动委员）的监督。同时，班级制定《劳动清洁卫生工作标准》，环保大队长依照清洁卫生标准检查每日的清洁卫生情况。

（三）创建班级文化，塑"小猎豹之魂"

1. 猎豹之"忠"

"忠"，即忠诚，爱国、爱校、爱班。猎豹班鼓励学生德智体美劳全面发展，培养学生成为全面发展的人，并实现"君子品质（学会做人、学会学习、学会共处）、家国情怀"的育人目标。

以德树人，培养学生的社会责任感与国家认同感，使学生成为有家国情怀的人。要求"小猎豹之家"学子在日常生活中做到讲文明礼貌，孝亲敬长，入校时以鞠躬礼迎接老师入校，课前以注目礼迎接老师进教室；热爱祖国、铭记历史，游览林景云烈士故居等。

2. 猎豹之"勇"

"勇"指的是责任担当，成才报国。常怀感恩之心，回母校感谢师恩；热心公益和志愿服务，积极参与到南宁市创建全国文明城市的行动中。

"一米菜园"是"小猎豹之家"学子的农耕场所，班级里设立菜园园长，组织学生到班级菜园进行劳动实践，体验劳动乐趣；"小猎豹之家"学子还为南宁创建文明城市作贡献，到社区进行环境清洁美化。劳动教育不仅培养了学生的实践能力，还磨炼了学生的劳动品质和吃苦耐劳的精神。

3. 猎豹之"义"

（1）比赛促团结。

鼓励学生参加各种形式的体育锻炼，让学生在体育锻炼中享受乐趣、增强体质、健全人格、锤炼意志，实现健康生活。"小猎豹之家"成立了班级排球队，引领学生自我发掘，享受运动。依托学校活动，我班参加了"涌泉杯"高一年级合唱比赛、诗歌朗诵比赛和军训会操比赛。活动促使学生互助互享、团队合作，班级成员之间形成了良好的团队协作精神。

（2）活动促团结。

高二时举行"成长·成熟"户外拓展露营活动，两天的时间，同学们一起吃住，学会了合理安排时间、合理分配任务，搭帐篷、做饭等，井井有条。他们学会了健康生活，勇于担当。

通过开展一系列的班级活动，班级凝聚力增强了。班级凝聚力强才能使学生认同班级文化，认同班级管理制度，并内化到行动中去。

4. 猎豹之"速"

（1）学习共同体。

建立学习小组互助评价制度，搭建平台，促进同伴教育，鼓励每一位同学都像猎豹一样，朝着自己的目标奋进。细化学习小组评分细则，建立加减分制度，设立"小猎豹成就榜"，每月公布学习小组积分情况，评选"最劲小猎豹"；要求每个学习小组每周召开一次例会，每次 20 分钟，总结小组的加减分情况，合作制订小组奋斗计划。根据每个小组的特点分配指导老师。

（2）多学科竞赛。

开展《红楼梦》知识竞赛、英语演讲比赛、地理知识竞赛等学科竞赛，寓教于乐，学生参与活动，将"要我学"转变为"我要学"，发挥自身主动性，提高了学习的积极性。

5. 猎豹之"慧"

（1）悦读人生。

班级设立了图书角，营造良好的阅读环境，让同学们与书为伴，有更多的阅读机会。语文课前 5 分钟，同学们分享近期关注到的文化热点，起到交流思想、启迪心灵的作用。值周班长每日早上都在"今日格言"的白板上书写自己积累的格言警句。举办"悦读人生——双语阅读沙龙"活动，让学生进行中英双语诗歌朗诵，分享中英文好书，体会中西方不同的文化，体会书中的诗意人生，让学生感悟生活的真谛。

（2）职业生涯规划。

利用班会课，我们在高一高二开展职业生涯规划系列课程，帮助学生找到自己的职业目标，一步一步地规划自己的生涯理想。让"小猎豹"们的青春不再迷茫，而是更加坚定和奋进！家长是学生的成长助力师，通过家长介绍各种职业的特点，开展"老爸老妈的百科全书"活动、生涯规划游园会、参观各种公司等活动，家校协同育人，帮助学生树立目标。以实践为载体，学生开拓了视野，努力使自己成为具备智慧的"猎豹"。

五、特色与成效

在"猎豹"班级文化的熏陶下，在同学们、老师们的共同努力下，我班获得了"南宁市优秀班级"荣誉称号，荣获了"班级学风优胜奖""班级学习进步奖"，"涌泉杯"高一年级合唱比赛一等奖、最佳编排奖，高一学生军训会操"标兵连队"，主题板报评比一等奖，多次获得"校优秀班级""学雷锋优秀班集体"荣誉称号。

苏霍姆林斯基说："只有创造一个教育人的环境，教育才能收到预期的效果。""小猎豹之家"的班级文化建设有效地调动了学生学习的积极性，帮助学生形成了良好的品德。在猎豹精神的浸润下，"小猎豹之家"的每一位学生都在自己的跑道上尽情奔跑。

"森林文化"：发展·互助·共享

■ 江西师范大学附属中学　胡祝齐

◆---------　班主任简历　---------◆

　　胡祝齐，江西师范大学附属中学教师，南昌市高中数学学科带头人、南昌市优秀青年骨干教师，南昌市优秀教师。在江西省第四届育人风采大赛中荣获一等奖第一名。2021 年，被江西省推荐参加全国中小学班主任基本功展示交流活动。

◆---------　班主任宣讲　---------◆

一、育人理念

　　"真诚真心真挚，公平公正公开"是我的工作准则，"严在当严处，爱在细微中"是我的工作格言，我所带的班集体力求实现人人发展，人人成长。为了实现这一目标，需要将全班同学通过精神文化、价值认同等紧紧团结在一起，实现共同成长。

　　我一直以"森林"作比：整个班级就是一片森林，而班级中的所有成员（学生与教师）都是森林中的一棵树苗。三年的学习生活，就是他们每一棵小树苗共同成长、变为一片森林的故事：从"播种"阶段的成立班级，建设班级轮岗制，设计和提出班徽、班训和班级口号，到"发芽"阶段的以"爱的教育"为核心，开展"感恩父母""感恩教师""感恩同学"的系列活动，再到"开花"阶段的人人发展，接着到"拾果"阶段的学习收获、荣誉获得、成长活动等，到最终"再播种"阶段的感恩，以校内公益社团、海外公益活动、支教夏令营等方式回报学校、回馈社会。

自工作以来，我一直力求打造有向心力的集体——形成美好的森林，有互助的集体——有遮风挡雨的各类树木，有个人发展的集体——每棵树都有自身的发展。

二、班情分析

我所带的班级是江西师范大学附属中学国际部高三（19）班，全班共31人，男生9人，女生22人。班上的学生来自五湖四海，每个人都有自己的特色，性格特点鲜明，但学习能力与学习习惯相差较大。

三、班级目标

明确共同的集体目标，形成共同的行为准则，逐步形成班级文化。

建立健全班级制度，锻炼每个人的能力，使他们成为班级发展的助推者；让每个同学有主人翁意识，成为班级的主人。

策划丰富的班级活动，在活动中有指导理念、指导目标，锻炼每个人的能力，彼此熟悉，将大家拧成一股绳。

四、实践做法

（一）播种——故事开始

在这片绿色的森林中，有32种不同的树木分别代表了我们班的31位同学和一位班主任。三年前，他们从五湖四海赶来赴这一场三年的约定。

在这片森林的最中央有一棵最大的树，它的根系发达，在土壤之下将

31棵小树都连接了起来，形成一张巨大树网。这就是19班的班主任——胡祝齐老师，学生都亲切地叫我"太阳神"。这三年来，我就像一位辛勤的园丁培养着班级中的每一棵小树，给予学生无限的温暖与关怀。

在班集体建设中，关于班委有一个非常开放的政策，那就是轮岗制与部门制。班级管理的理念是"人人有事做，事事有人做"。我们会在班级中设立不同的部门，每位同学自愿加入其中的一个部门。如果学生感到有些害羞，缺乏自信，我们会安排班干部带领他成长。

每隔几个月，班级就会更换一批同学来担任班委。随着轮岗的推广，其他同学就会加入自己想去的部门工作，最终可以做到"人人有事做，事事有人做"。事实证明，我们班的每一位同学都有胜任班委的能力，比如到毕业时，我们班共有约30%的同学担任过班长一职。

班级中的每一位同学都在为集体付出一份力量，就像每棵小树苗都为了森林的扩大而奋力地向上生长。不管是我们班的口号（"十九出征，横扫乾坤，傲视群雄，唯我独尊"）、班训（"卓然独立，越而胜己"），还是班徽（班级海选形成，融合班训、班级口号和班级梦想），都可以体现出我们班级是一个团结拼搏、奋发向上的集体。至此，这31棵树苗都已经被插进了肥沃的土壤里。

（二）发芽——爱的力量

让我们进一步地走进这片森林，首先，在雨水肥料的滋养下，小树苗抽出了枝芽。三年来，学生们一直受到爱的教育，那就是以德为本、知恩感恩。学生受到父母的养育、老师的教导和同学的帮助。他们也用自己的行动来表达感恩。

1. 感恩父母养育之恩

每当母亲节、父亲节到来之际，我会带领学生开展感恩主题的活动。比如：母亲节时，引领学生角色互换；父亲节时，引领学生制作亲子成长相册……学生深刻地感受到了父母的不容易，从而想要去为他们分担一些。

2. 感恩老师辛勤教导

每年教师节前夕，我们班的学生都会自发地给自己喜欢的老师送上一份手工小礼物，有时我们也会以集体的名义给老师送上祝福。比如，给老师送祝福卡，就是由我们班的学生亲自策划。学生送给"太阳神"的礼物，则是一首原创歌曲。

3. 感恩同学互相帮助

在我们班黑板上有一个板块，是专门用来写每日暖心的话语，它饱含了每天发生在我们班同学之间的温暖。在为同学过生日的时候，我们都会在"QQ官号"上发祝福，在班级里发红包。每隔几个月，我们就会组织一场主题生日会，装扮教室，订购蛋糕，大家一起开心地过上一个生日。

（三）开花——百花齐放

在爱的教育的浇灌下，小树苗茁壮地成长。我们会根据每一位学生的特长和想法，鼓励他们参加学科竞赛类、艺术类、实践类、语言类、运动类和组织类等六类活动。他们在六个不同的领域大放异彩。

我们班的同学在商业挑战赛、数学竞赛、物理竞赛、建模竞赛等各类比赛中均有斩获。

我们班也不乏有艺术天赋的人才，除了传统的艺术形式，像音乐、绘画、舞蹈之外，还有很多同学是知名网站的视频博主和原创歌手。我们班还有自己的乐队呢。

"纸上得来终觉浅，绝知此事要躬行。"我们班的很多同学都去过喜欢的学校参加夏令营，或者去公司实习，或者与界内专业的教授讨论问题。我们班的同学能说会道，在实打实的比赛中获得奖项，不管是模联比赛，还是模拟法庭比赛，都让我们班的同学受益匪浅。

我们班的同学们热爱运动，在校运会、省运会、马拉松、足球赛、篮球赛等比赛中，都有他们活跃的身影。值得一提的是，我们班还有一位羽毛球国家一级运动员呢！

在我们班的31位同学中，有9位同学担任社长的职位。他们都参与举办了学校的许多大型活动，像我们班的音乐社社长就会组织一年一度的滨江好声音活动，让热爱音乐的同学们展现自己的才能。

（四）拾果——硕果累累

随着时间的流逝，小树苗终于迎来了收获的季节。与传统的授课方式不一样，国际部采用的是一人一课表制。想要挑战自己的同学，则会选择我们的 AP 课程。AP 课程就是美国大学先修课程。简而言之就是在高中提前学习大学的知识，同时可以兑换学分，从而提早毕业。通过努力，有 23 位同学的托福成绩已经达到了 95 分以上，13 位同学的 SAT 成绩达到了 1400 分以上。回想起刚入学的时候，很多同学的成绩只有四五十分，而现在他们的成绩达到了 90 多分。

我们班还开展了丰富多彩的活动，实现了师生、同学、家校之间的互动。周记是我们师生的常见交流方式，因为在笔头交流中，学生会说出更多的心里话，能缓解很多压力，舒缓心情；"家长职业博览会"是我们针对生涯规划提出的举措，每周三我们会邀请一位家长走进班级，介绍他的职业需求、工作环境、一日生活、职业压力等；艺术课是我们与课外艺术基地联系，形成的一个常态化的艺术类课程，包括陶艺、话剧、板画等，逐步渗透美育教育。

（五）再播种——传递希望

至此，小树苗已然亭亭玉立。学生被爱滋养之后，也在一点一滴地回报这个社会。不管是在校内的公益社团，还是海外公益活动，或是同学们自发组织的支教夏令营活动中，都有我班同学的身影。

我们不忘用文字记录我们美好的生活。毕业时，我们班的公众号已经发布了 123 篇文章，班刊也制作了 6 本。我们坚持记录班级生活，让我们的存在变成了一种不可磨灭的记忆。

故事讲到这里也要接近尾声了，但是这 31 棵树苗的生长却不会停止，我们相信 31 棵树苗相遇在一起，是生活中的缘。于我们而言，最动人的八个字不过于"高三十九，天长地久"。

五、特色与成效

经过"森林文化"打造的班集体，由于充分发挥了每位学生的主人翁意识，同学们紧密团结在一起，为自己喝彩，为班级添砖加瓦，实现了班级与个人的双赢，更难能可贵的是很多家长从陌生到熟悉，成为了很好的朋友。

调查显示，高三（19）班毕业生和家长对班集体满意度均在99%以上；班级纸质成果有班刊6本，研学实践成果集2本，毕业纪念册1本；班级电子成果有原创班歌1首，毕业回忆视频1个，阶段纪念视频6个等；班级成员担任社长或副社长的社团获得市级荣誉，模拟联合国社团、街舞社团、Care a Lot公益社团荣获南昌市"十佳中学生精品社团"；班级成员担任社长或副社长的社团积极开展公益活动：Imilk公益社团、手语社、微媒体社团积极开展爱心捐赠活动，赴江西省部分贫困县送牛奶，为南昌市的启音学校送温暖，给南昌市部分敬老院和儿童村送冬季保暖物资等；家长结成了互助团队，按照学生的学习互补、活动互助、录取学校等形成了自然分组，并不定期开展活动，促进集体正向发展。

"绳"命，因我而辉煌

◆--------　班主任简历　--------◆

葛燕，天津市南开大学附属中学教师，荣获第四届"三青三名教育专家工程"区级优秀班主任，南开区中小学优秀班主任。所带班级被评为天津市三好班集体、南开区三好班集体、南开区五四红旗团支部。

◆--------　班主任宣讲　--------◆

一、育人理念

让每个学生都能自主而非被动发展，是在当下"五育并举"的大环境下，能够让学生发挥所长、长足进步的根本措施。如果把班级里的每位同学比喻为一根根质地和颜色各异的小绳子，那么高中三年的生活，就是让他们各自变得坚韧有力的过程。我想把每个生命都打造成一根倔强的绳子，同时，众多的绳子再拧成一股极其坚韧而多彩的绳子，最终，无论是个人还是集体，都书写出一段辉煌的"绳"命。

二、班情分析

刚刚毕业的高三（6）班是经历了疫情三年的一届学生，彼此刚刚熟悉，就变成了"网友"，时断时续的校园生活，线上与线下的频繁切换，给教育、教学工作带来了前所未有的挑战，但同时也给我们的带班工作带来了新的尝试与创新。

三、班级目标

在学校"以人为本，和谐发展，为学生的主动发展奠基"的理念指引下，我班坚持以"班级文化建设"为班级工作核心，在这里，我们又将其具体、细化定位为"绳文化"，即"主动发展，完善自我，团结奋进，共创辉煌"。

四、实践做法

（一）科学评价，发掘亮点——认识自己这根"绳子"

1. 客观剖析优势，践行生涯教育

"凡事预则立，不预则废。"高中阶段与义务教育阶段有很大不同，学生的心智、价值观即将形成，而学业的选择又直接关乎未来的专业选择和就业方向。此阶段，如果能全面、正确地认识自我，发掘自己的亮点，客观评价自己的短板，可以让他们在人生关键节点的选择上少走弯路，可以说，精准的自我定位是一切活动的内驱力，是个体良性发展的前提。

在高一刚接班的时候，身为班主任的我会利用自己的学业生涯规划指导老师的身份，陆续系统地开展五个生涯指导模块教育："认识自我"（在班会、团体心理辅导活动中引导学生提高自我意识），"实践模拟"（组织模拟招聘会、模拟职业面试、自主创业方案设计、模拟企业经营管理），"访谈对话"（采用成功人士访谈、就业形势分析、学长引领、家长成功经验谈），"测评探讨"（进行职业价值观测评、学生个人职业规划探讨、制作个人规划图等），"岗位体验"（以父母岗位和社会实践岗位体验为内容，使学

生逐渐了解职业)。

为了让职业生涯教育更具科学性与严谨性，帮助学生更好地梳理自己，我会帮助学生建立自己的独特档案。在学生心理手册健康档案的基础上建立生涯发展指导手册及个体生涯发展档案，从气质、能力、职业价值观、职业兴趣、职业能力、职业性格等方面进行具体的分析与指导；帮助学生进行职业性向分析，把生涯规划教育与日常教育教学有机结合，指导学生进行生涯规划设计，有的放矢地给予个体专业化的指导。

2. 倾力塑造自我，磨炼意志品质

沿用了三年的成长纪念册记载着学生多彩的青春岁月。斑斓的封面展现着每个人的风采，除了每周记录的思想、成绩等固定内容以外，其他不拘一格的内容更是学生或修正自我或畅所欲言的阵地。

有的同学针对自己数学的薄弱之处，制订了详细的复习计划，每天都把有关数学的点滴记录在案，还写一些勉励自己的话。比如，有学生写道："数学，你可以很强大，但是我要变得比你更强大，因为你是我面对的第一个大挑战，被你打败的话，我怎么迎接以后的第二个、第三个挑战？所以，为了讨一个好彩头，我也要战胜你。"

在书页之间，学生们每天主动反思着，自省着，领悟着，进步着，打造着自我，总结着当下，真正成为了自己的主人。努力把自己打造成一根倔强的绳子，虽然每根绳子的粗细长短花色不尽相同，但每根绳子都在变得越来越强韧。

（二）因材施教，循循善诱——开发学生这根"绳子"

如果说职业生涯规划教育是帮助学生主动认识自我、规划人生的科学途径，那么班主任在日常的班级管理中，则要充分"察言观色"，亲自践行因材施教策略。学生的个性特征正如各色的绳子，有的貌似粗壮，但结构松散，其实很脆弱；有的貌似纤细，但韧劲很强。因为他们的心理特点和智力发展都存在一定的普遍性，但是又存在着特殊性，所以我充分尊重学生，承认学生间的差异，这样才能因材施教，让学生获得发展。

刚入学时，我会通过多种途径了解学生：家访、与科任老师交谈、与学生座谈、于课内外活动中观察，透过现象看本质，从小处去了解学生。学生的一个表情、一篇周记或考试的心理素质等都能给我们提供信息，信息积累多了，会像拼图一样拼出一个学生大致的面貌。

弄清每个学生的兴趣、爱好、性格特点、学习态度、知识基础、健康状况以及家庭、社会背景等，分析影响学生个性差异的因素以后，在充分尊重他们的个性发展的基础上实施因材施教，这样才能让不同的学生得到适合自身特点的发展。总而言之，科学地、系统地和有目的地分析研究学生，在他们需要帮助的时候，找到最合适的切入点，以他们最容易接受的方式，伸出援手。

比如，利用课前5分钟演讲来初步了解学生，他们可以介绍自己的兴趣、爱好、特长。而我绝不仅仅是一个倾听者，我会和演讲者互动交流。有的女生从小跳舞，她就会介绍她练舞的过程、获得的奖项、过程的艰辛等。这时，我会让她描述一下自己最风光最得意的镜头，在她描述的过程中，眼睛里始终闪耀着自信的、骄傲的光芒。这样的女孩大概率会很有主见，能够忍受反复的训练和打磨。如果在学习上她有所懈怠时，我就可以这样来鼓励她："你看，小的时候，你可以为了一个舞蹈动作而反复练习很多次，甚至摔倒很多次。学习也是如此，一个个知识点就是一个个舞蹈动作，练一遍两遍肯定是不会到位的，需要在有一定数量练习的前提下，才能记住所有的动作，同时提高动作的完美程度，最终才能高质量地完成这个舞蹈。"这样，针对学生的独特的成长经历来打比方，他们会更容易接受。磨刀不误砍柴工，端正他们学习的态度，是因材施教的开端。

让学生充分展示他们的优势以增强自信。有绘画特长的学生，可以绘制课文的插图。有音乐特长的学生，可以演唱甚至将古诗词改编成歌曲。朗诵比赛、辩论赛都是挖掘人才的好机会。教材中的戏剧《雷雨》《哈姆莱特》等，可以让有表演欲望的同学淋漓尽致地展现表演才能。有编辑能力的学生，可以办好班级、校级刊物。有书法基础的学生，可以把课文中的诗词作品展示在班级的墙报上。有领导能力的学生，可以组织学习小组，负责检查背诵情况或出比赛题目等。

其实，只要我们老师静下心来去阅读每个学生，读懂每个学生，我们会发现，他们固然会有缺点，但是，他们的优点是那么可爱。人无完人，我们的教育，其实就是让他们的优势更加成为优势，让他们的劣势处于"消除中"的状态。这就足够了。

（三）浸润渐染，和谐互助——凝聚力量打造"纤绳"

1. 认真实践班训，打造良好班风

"木受绳则直"，"绳"除了指实物的绳索之外，还可以指"墨线"，木材经过墨线量后就能取直。这里的"绳"字再引申一步，就有了"准则、法度"的义项。这个"准则、法度"就是我们大家共同制定的班风"和谐、友爱、崇文、尚德"。面对充满挑战的高中生活，大家在观念上取得了一致，那就是努力打造自己，做德才兼备的全面发展的学生。同时，努力打造和谐、友爱的集体，为之出谋划策，为之添砖加瓦。这样，每个人都在用班风这根绳子比量着自己，总结着自己。

在良好班风的熏陶下，同学们积极要求进步，高一的时候，很多同学提交了入团申请书，虽然高中学业很紧张，但很多团员也正式向学校提交了入党申请书，参加了学校组织的党校学习，定期上交思想汇报。集体中的每个人如果都能够"三省吾身"，每个人的积极性都调动起来，时时处处规范自己的言行，那么合力将是巨大的。我们的班级先后荣获了"勤学示范班""卫生示范班""班级文化示范班""仪表示范班"等称号。正如把每一根细绳拧成一根粗壮的"纤绳"，才能拉动集体这条大船，方能扬帆远航。

2. 互助学习显效，积极快乐进取

说到我们的班训"书山有路勤为证，学海无涯乐作舟"，它突出了"勤""乐"二字。学习固然艰辛，但更应该以一种积极乐观的姿态面对它。我们把学生分成 6 个小组，每个小组负责一个学科，搜集纸质或者学习类App 上的试题，每天几道题的限时训练后，彼此解答疑惑，用各种方式奖

励先进，鼓励后进。现在，大家越来越觉得学习并不像以前那样枯燥了，挖掘出了很多小乐趣，研究探讨问题的学习氛围越来越浓。

3. 分担班级事务，团结协作沟通

三年来，繁重的学业并没有降低学生参与活动的热情。在每一年班委轮换制的基础上，每个小组分别认领相应的任务。我们班从班级学习园地的布置、每期板报的设计到教室摆放的绿色植物、图书角的整理，从运动会入场式的队列表演到"班班唱"比赛的表演，都闪现着集体智慧的结晶。学校组织的各项活动，由班委牵头，大家集思广益，共同协作完成任务，让每一位同学都有机会参与班级管理。

五、特色与成效

以"绳"字为核心的班级文化，重在帮助学生认清自我，促其主动发展，同时，利用集体的带动作用，不断地校正自我，和谐互助，共同进步。把自己打造成一根坚韧的绳子，同时，班集体能拧成一股绳，有更大的承载力，反过来，也提升了每根绳子的抗击力。虽然每根绳子色彩不尽相同，但在这个集体中，他们无论是在学业还是心智上，都在不断进步。也希望他们的未来之路，都能成为自己命运的主宰，绘出属于自己的"绳"命的辉煌！

第四辑

课程育人

养一方"雅"士，润一生"儒"心

■ 四川省成都市盐道街小学　陈雅儒

◆⋯⋯⋯　**班主任简历**　⋯⋯⋯◆

陈雅儒，四川省成都市盐道街小学教师，成都市优秀班主任，锦江区优秀青年教师，锦江区优秀班主任，省、市、区班主任技能大赛一等奖第一名。2021年，被四川省推荐参加全国中小学班主任基本功展示交流活动。

◆⋯⋯⋯　**班主任宣讲**　⋯⋯⋯◆

一、育人理念

在历史变迁中，成都市盐道街小学历经改革，与时代同行，确立了"厚德如盐，适融入道"的办学理念。在盐小，坚持儿童立场，追求善创教育，让学校文化落地生根、开花结果，是每一位"盐师"的责任。在学校办学理念的浸润下，在自身多年"雅"与"儒"带班风格的影响下，在尊重班级班情的基础上，我的育人理念也应运而生：养一方"雅"士，润一生"儒"心。

"雅"聚焦行为习惯的培养，"儒"力求塑造学生的品格。以"儒雅"理念融合具有班级特色的活动课程作为育人路径，助力班级正向成长。

二、班情分析

本班学生共44名，男女生比例均衡。学生优势：兴趣广泛，见多识广，德智体美劳全面发展。通过自己的观察，以及查询本班在一年级整学年的班级常规评比情况和集体活动获奖情况得知，本班常规评比位于年级倒数第一，集体活动获奖情况亦如此。一个常规习惯较弱、团队协作意识急需提高的班级展现在我面前。综合班情，我将培养"雅"士，建立有序常规，定为我的首要任务。

三、班级目标

在成都市盐道街小学，最值得盐小人珍惜的特色土壤就是"盐道"二字，以食盐之道悟育人之道，从育人之道聚文化精神。因此，盐小将学校的学生培养总目标定为"立道厚德，有盐有味"。根据学校目标和班情，我将所接班级的总体培养目标定为：培养有"儒"心的"雅"士。同时，根据儿童身心发展阶段性规律，我将总目标细化成了三个阶段目标。

低段	中段	高段
择善而行	恭而有礼	灵动强能

"善行"指向良好行为习惯的培养，用有序常规塑造全新班貌。"恭"和"礼"意在塑造良好品格，教会孩子们待人接物恭敬懂礼。"灵动强能"聚焦综合实力的培养，为迎接中学生活作好准备。

四、实践做法

身为一名班主任，应该滋养学生的生命成长，精心引导和培养学生，唤醒他们的"生命自觉"。同时，还应具备很强的吸收力、思考力、整合力和执行力。在科技高速发展的时代，班主任搞德育教育，要善于运用技术进步的大背景，贴近儿童生活，去回应孩子们的真实需要。面对二（2）班的孩子，首先要解决他们的常规行为习惯，让班级井然有序地运行。

（一）立常规：微班会，育"雅"士

班会课，是班主任德育教育的重要载体，想要纠正孩子们的行为习惯，一场场的主题班会就在所难免。我们班突发事件频繁，教育效果经常出现反复，二年级孩子又坐不住，因此主题班会在时长和频率上都具有较强的局限性。经过探索和学习，微班会开始走进我的视野。它时间短、频率高、节奏快、方式灵活多样，非常契合我班班情。我专门设计了一套符合我班班情的微班会课程，从仪容仪表到言行举止，用示范和实践的方式，联动所有科任老师和社会各类资源为班级带来优雅之风。

1. 微班会课程设计框架

设计背景	1.生活快节奏化，以简短、快速、流畅的交流为模式的微博、微信等应运而生，"微时代"到来。 2.班主任工作繁重，寻求更高效率的开展模式。 3.小学生有意注意持续时间短，活泼好动，但可塑性极强。
课程目的	1.以主题班会的形式，落实课程化内容，促进班风、学风建设。 2.促使班级健康成长并形成一定的特色。 3.使学生能成为有序、友善、懂得尊重的全面发展的孩子。
课程特点	时间短，问题聚焦，节奏快，方式灵活。
开展年段	低段：有序——一日常规培养。 中段：友善——相关品格培养。 高段：尊重——相关品格培养。
开展方式	1.观看视频，交流心中感受。 2.讲述故事，领悟其中道理。 3.开展活动，分享活动体验。 4.分享照片，开展师生对话。

2. 微班会开展情况介绍

（1）亲示范，育雅态。

作为新时代的班主任，要坚守质朴的教育初心，用实际行动为孩子作示范，用爱心与耐心涵养生命。二年级的孩子，正在学习《弟子规》，他们会熟练背诵并理解"冠必正，纽必结。袜与履，俱紧切。置冠服，有定位，勿乱顿，致污秽……"的内容，从认知转化为行为，我开始带头行动。我以这句话为例，召开微班会，从学习到示范到实践，带领全班一起从"头"做起。在之后的每一天，孩子们上学时，我都在教室门口等待他们，为他们整理衣服和红领巾，从细节把关仪表。上课前，有经过专门训练的孩子用口令的方式，提醒大家站如松，坐如钟，正衣冠，再开始上课。孩子们以典雅的仪容仪表开启每一天的校园生活。

（2）重细节，言行雅。

在学校，老师可以利用拍照和小视频的方式捕捉真实的同伴交往情境，记录下他们和同伴交往的瞬间，再搜集一些由于行为不当造成严重后果的报道，利用放学前10分钟的整理时间，开展微班会。孩子们起初看到照片和视频，哄堂大笑，但当他们看到这些行为一旦失去边界，造成严重后果时，全都沉默不语。强烈的对比让孩子们议论纷纷，有人不好意思抬头，有人窃窃私语。老师趁机布置家庭作业：思考课间游戏时如何保护自己和伙伴？第二天全班师生一起利用课间10分钟去操场，以小组的形式进行示范，在孩子们最喜欢玩的各种游戏中，探索玩到什么程度是安全的，什么程度会有危险。孩子们通过亲身实践和小组示范，对尺度有了新的认识和掌握。从那以后，我们班孩子的受伤情况大大减少了。由于成都的冬天雾霾严重，有时会出现无法去室外玩耍的情况，我们班的孩子们纷纷通过微班会的方式，小组合作，推荐了很多室内小游戏，让大家能在教室里愉快安全地玩耍。

雅者，正也。我立足常规，狠抓细节，指导孩子们规范礼貌用语，规范行为习惯，为班级注入雅正之风，让孩子们朝着其言有类、其行有礼的方向成长，做一名彬彬儒雅的小"雅"士。

（二）修德行：搭课程，润"儒"心

课程是教育的粮食，班本课程以班级为实施教育的载体，尊重班级实际情况，满足本班学生实际发展需求。作为一门课程，它具有较强的目标和完善的体系，开展班本课程，可以较好地推动班级发展，形成班级特色。班本课程开展时间较长，非常适合用来塑造学生的品格。结合传统儒学精髓和班级情况，润"儒"心活动课程应运而生。该课程从忠、孝、悌、恭、俭、让六个方面润育孩子们的儒生之心，塑造良好品格。

1. 润"儒"心班本课程设计框架

忠	目标：与人为忠，与事为忠，尽职尽责的品格
	途径：班级岗位、劳动活动
孝	目标：继承发扬优秀传统文化
	途径：文学浸润课程、板报、外墙布置
悌	目标：团队协作的品格
	途径：运动会、家校活动、劳动课程
恭	目标：培养对长辈恭敬、对客人恭敬有礼的品格
	途径：传统节日、各类接待活动
俭	目标：培养勤俭节约的品格
	途径：每日午餐"光盘行动"，用水用电等日常行为
让	目标：谦让友好的人际交往品格
	途径：各种小组活动、全班活动、课间

2. 润"儒"心班本课程特色介绍

在二年级第一学期，我班开展了跨学科劳动课程"护花使者"，这个课程的目的是培养孩子们忠（忠于职责）、悌（团队协作）、让（相互谦让）的品质。我宣布要美化班级，请孩子们按照自己的喜好分成几个大组。孩子们在任务驱动下组团出行，在家长们的带领下，到成都最大的花市采购花卉。回到学校后，每个小组的孩子们分工合作，共同养育一盆花。班级老师也集体卷入，各司其职。科学老师给孩子们讲解花的养育知识；美术老师带领孩子们手绘花朵；音乐老师和孩子们一起唱关于花朵的歌曲……孩子们在劳动中学习知识，在行动中获得体验。一盆花，承载着一个团队的付出和期望。凝聚力也在一点一滴中慢慢注入整个班级。这，远胜于单纯的说教，行动让意义更加深刻。

在润"儒"心班本课程中，最受孩子们欢迎的是红色基因特色课程。我们以项目制学习的方式，开展了"游历山川赞祖国""我们的传家宝""向最可爱的人致敬""红色展馆闯关"等活动，让孩子们在游历中，了解祖国的历史，从小树立深厚的爱国情怀。

（三）搞活动：通家校，建"雅"园

作为一名班主任，回应孩子的需要远远不够，敏锐捕捉家长的需要，并积极恰当地给予回应，是推进家校共育的基点，也是构建深度家校共育路径的方法。始于班情，家长对新接班的班主任必然有诸多疑虑；忠于初心，做好教育必然要获得家长的支持和认可。老师的法宝有两个：课上得好，孩子们喜欢你。如何让家长看到这些，需要以活动为载体。

在二年级第一学期，我班开展了"家长驻校日"活动，邀请家长走进语文课堂，用专业征服家长。在每周二、三的半天驻校活动中，家长们通过报名预约的方式走进学校，全方位观察孩子们的校园日常。渐渐地，到校的家长们纷纷感叹老师的辛苦和耐心，共情和体谅开始出现。离校后，听课的家长纷纷在班级群里主动分享自己的所见所感，并提出宝贵的建议。老师借家长之口，不断地反馈着孩子们急需改善的一些问题，家长们的主观能动性被调动。随着越来越多的家长来学校听课，他们开始变身为老师的支持者，真心感激老师的付出。家校之间情感上的理解和共鸣，为这个班级打通了良好沟通的脉络，为家校共育奠定了基石。

有了家长的信任和支持，走出去就顺理成章。伴随着秋高气爽的天气，借助家委会的力量，孩子们和父母、老师一起开展了隔周一次的家校活动，在音乐厅聆听天籁，在读书会上谈写作，在歌剧院欣赏话剧，在国学堂学习

礼仪，和藏族孩子们交朋友，和爸爸妈妈们比赛拔河，玩得不亦乐乎。通过将学习和游戏相融合，在面对面的丰富活动中，心与心贴得更紧，家与家走得更近。师生、生生、家校关系友好而和睦，为班级家校共育铺平道路。

（四）重评价：融"五育"，争"盐币"

教育评价是教育活动中至关重要的一部分，是教育活动的"指挥棒"，而传统评测手段无法进行个性化评价和过程化评价，改革教育评价方式需要引进新型的评测技术作为支撑。我们班沿用了学校"五育"融合"盐币"的评价方式，根据学生个人综合素养维度（厚德、善创、健体、尚美、勤劳）发放"盐币"。对获得"盐币"总数过低的学生重点关注，放大这些孩子的优点，进行特别表彰。总之，以正向引导，充分肯定、鼓励为主，全面评价学生。孩子们在"盐币机"上通过人脸识别，可以查询自己的"盐币值"，兑换相应的礼物。小学生，具有极强的亲师属性，老师的肯定一定能帮助他们健康成长。"五育并举"的"盐币"评价体系，是对上述带班育人方略的总结和反馈。

五、特色与成效

从二年级接班至今，短短一年时间，我和孩子们在养"雅"士、润"儒"心的成长之路上一直实践着。我们温暖着彼此，一起留念时光，共同成长。这些无法细细言说的经过，都成了我们心中更深的珍视。我们的故事会慢慢埋藏在时光里，但根植于心中的善思与善创，让我们都变得更强。班级被评为校级先进班，这是对我们莫大的鼓励。

学校、家长、学生对我的支持和信任，是我前进的最大动力。这一路，还很长，养一方"雅"士笃信而行，育我的"儒"生且行且思，育人育己，我一直在路上。

课程育人，构建成长的教育共同体

■ 浙江省杭州市春晖小学　丁璐滨

◆········　班主任简历　········◆

丁璐滨，浙江省杭州市春晖小学教师，杭州市优秀班主任。荣获长三角地区第八届中小学班主任基本功大赛小学组一等奖和论文一等奖，浙江省第八届中小学班主任基本功大赛小学组一等奖。

◆········　班主任宣讲　········◆

一、育人理念

苏霍姆林斯基说过："班级建设的最高境界是形成一种平和愉悦的精神共同体——它既是教育工作追求的自然归属，也是我们的快乐所在。"我力求将班级打造为教育成长的共同体，让班集体中的每位学生都能以班级发展为重要目标，同心同力同行，协同班集体共同进步。

班本课程的建设，是班级建设的重要载体与主要抓手。通过个性化、规范化、序列化的课程育人模式建构，有效融入班级小课堂、学校中课堂、校园大课堂，带动学校、家长、班级科任老师三方携手育人，深耕这一方班级沃土，构建成长的教育共同体。

二、班情分析

现在的班级是我从一年级带到四年级的，我对他们有着深厚的情谊，对班级情况也比较了解。这是一个学生乐于向上、团结友善、行为常规良好的班集体。

全班一共39人，其中男生22人，女生17人。班级中非独生子女共有20人，三孩家庭子女2人，少数民族1人，后期转入5人。大家来自五湖四海。

同学们对班集体有着良好的认同感与归属感，但因不同的生活经历与家庭背景，他们也有着不同的个性特质与成长追求。和而不同，是班级同学和各自家庭最大的特点。如何能够让"不同"的学生向着同一个班级成长目标迈进，促进学生主动成长、共同进步，构建温馨和谐的教育成长共同体，是班集体建设的重要方向。

三、班级目标

我所在的学校一直致力于创建生命成长的教育共同体，以培养有涵养（对他人的友善与支持）、有学识（对世界的热情与探索）、有格局（对视野的理解与尊重）、有韧性（对目标的执着与坚韧）的阳光少年为学生成长目标。基于学校教育理念大背景，我的班集体建设依托春晖学子四类基本素质，聚焦课程育人理念，结合班级学情进行班本课程的开发和建设，引领班集体建设。

在班本课程的建设中，除"有学识"融合渗透到各门学科教学中，我主要围绕有涵养、有格局、有韧性三方面创生了系列课程——爱心课程、劳动课程与行动PK课程，力求促进学生精神同心、目标同向、行动同行，构建生命成长的教育共同体。

四、实践做法

（一）有涵养：精神同心——爱心课程

班集体作为一个"精神共同体"，成员之间应该团结一致、互相认同、协作关爱，学生能够在这样的集体中获得安全感和满足感。如何才能创建这样的精神共同体，带动集体共荣共生呢？

1. 以文化人，形成共生成长环境

班级是一种精神符号、一种无形力量，能将班集体凝聚为一个整体。其作为学校文化的重要组成部分，就像一门隐性的课程、一种无形的教育力量，潜移默化影响着学生的成长。可以说，班级文化是班级的灵魂，对学生的成长起着不可估量的重要作用。在团队创建初期，我们选定四叶草为班级标识，并以其为出发点不断突破渐成序列，让班级精神文化可视化，便于学生理解。

（1）以多样活动促凝聚。

对于刚入学的孩子来说，一个形象的班级标志能在初入学时迅速增加他们的班级认同感。我在入学初期开展了班徽征集活动，同学们和家长一起合作设计出了不同的班徽形象，并将作品全部上墙展示，全体同学参与评选。这样一个全员参与设计、人人参与评价的过程，其实也是提高班级认同感与凝聚力的过程。

（2）以价值意义提融合。

我们在班级活动中采用了许多的四叶草元素，创设出系列衍生"产品"。比如我们定制了一枚班级专属四叶草印章，用于班级的作业、奖状、奖品等，给普通的物品赋予荣誉感。这些产品的开发不仅仅停留在产品使用的层面，更将其价值内涵展示给学生，将四叶草赋予的"自信、求实、创新、自律"的四个奋斗目标属性让学生熟知。

学生将四叶草作为班集体的象征，也将其作为内心的一份文化认同，这样一份精神载体助力学生对班级产生归属感、认同感、自豪感，围绕班级文化不断生长。

2. 以爱感人，形成互助班级氛围

班集体作为以直接交往为特征的人际关系系统，互助氛围的创设需要让学生在实际交往中去感受，主要从日常生活与特别活动两方面展开建设。

（1）可视载体，以爱创美。

同学之间平时不乏互相关爱的事例，这些日常闪光的素材恰是联结精神共同体的最好纽带。因此，我借助班级"爱心记录本"这样小小的一个载体，将日常的细微之处放大展示，让学生直观感受到集体的美好日常。例如协助打扫一次卫生，为班级整理图书等，事情不分大小，均可记载在册，并在每日早晨微班会时请值日班长进行表彰，每周五的总结大会上我再汇总表彰。爱在日常，才不寻常。

（2）多样活动，以爱促融。

学生的爱不仅要在日常去发现，也要借助多样化的活动指导创生。因此，我用心规划多样化活动，借助节日主题活动、专题班会活动、校园特色活动等多种活动形式，通过互赠爱心大礼包、"奖品"募捐等多种方式，每日表彰、每月总结，全方面常态化地促进班级互助氛围的形成。

（3）家校互动，以爱携手。

从他人身上接受关爱，也要学习如何去关爱他人。学生将这份关爱融入到家庭生活中，带给家人同样的温馨之情。我们融合妇女节、母亲节、父亲节等节日，开展"宠妈妈日""崇爸爸日"系列活动，让学生为父母做一件力所能及的事，为家长颁发一张奖状等。创设温馨的家庭氛围，促进学生健康成长。

（二）有格局：目标同向——劳动课程

格局是一个人内在精神的直接反映，孩子的成长不仅要有专业精深的技能习得，还需有面对世界的气度、胸怀和高度。我关注学生格局的培养，重视学生全方位能力的提升。其中，劳动教育就是提升学生格局观的重要一环。让学生认识到劳动最光荣、劳动最崇高、劳动最伟大、劳动最美丽，进而感受劳动乐趣，习得劳动技能，理解劳动价值。

1. 系统规划，达成劳动任务微格化

要将班级劳动这件"小事"做好，离不开系统规划与精细分工。我根据校园里学生参与的教室劳动、餐厅劳动、公共区域和自然乐园四个板块，在班级生活部设置卫生委员岗位，专门管理各个卫生小组的打扫工作；同时设置了餐厅管理员、垃圾分类监督员、环境美化员、图书管理员、点心派送员等。除基本的教室保洁外，人人都有自己负责的劳动区域，人人都是劳动承包者，以劳动行动微格化促进劳动的扎实落地。

2. 三方协作，达成劳动参与全员化

班集体的建设需要家长、学科教师等多方面参与支持。我积极引进家长资源、科任老师资源，从单兵作战到学科共育、全员共育，促进家校与全学科对班集体的支持。在开展宅家劳动初期，通过家长信、云家访等形式给大朋友们讲清劳动的意义；在劳动日开展初期，引导学生列好家庭劳动分工表或计划表，做好家庭成员的劳动任务分工等；也带动科任老师、家长和孩子一起开展"百家劳动讲坛"。用全体成员一起开展的实践行动，"搅和"出良好的劳动生态圈。

3. 常态参与，达成劳动目标落实化

劳动教育要想真正落到实处，还需要持续、常态的开展。我们的劳动行动不仅仅是一两次的体验性活动，更要成为一项常规性、生活性活动。我组织学生开展每日劳动的实践活动，不遗余力地对他们加以鼓励，提高他们的劳动积极性。

4. 主题行动，发挥劳动的公共价值

如果说学校是学生教育的大场所，社会才是学生教育的主阵地。我系统规划学生的社会劳动课程体系，让学生走向社会、服务社会。在"劳动创业赛——自主创业赚回第一桶金"活动中，班上的孩子有的在店里打工，有的摆摊售卖，体会到父母工作的辛劳。在2021年暑期的电瓶车爆炸事件中，我们了解到受伤女孩家庭需要捐助，于是大家积攒废品打包卖给废品

站，将所得钱款通过慈善部门全部捐赠给了这户受伤的家庭。孩子们树立了劳动最光荣、劳动最崇高、劳动最伟大、劳动最美丽的观念。

（三）有韧性：行动同行——行动 PK 课程

教育家陶行知在"我的学问有没有进步"设问中提出五字特质要求，其中一个字就是"韧"字。其实不仅是做学问，我们生活中的方方面面都需要以"韧"字为基底，达到"柳暗花明又一村"的境界。

1. 常规挑战，进阶带动习惯养成

从一年级入学开始，我们就进行班级行为常规坚持赛。初期每个学生自由选择一项行为常规坚持七日，这样的挑战赛符合初步挑战时学生持久力不长的特性，易于让学生达成目标，获得成就感；另一方面，自由选择挑战项目降低了挑战难度，有助于维持学生对于坚持实现目标的兴趣，易于进入下一层级的挑战。

2. 主题挑战，专项促进个人成长

在挑战过程中，我们既有同一主题的挑战，也有分项目的选择性挑战。同一主题的挑战主要结合某阶段的班级问题点。比如我们在二年级刚入学时开展了古诗文专项背诵挑战赛，促进良好课前诵读习惯的养成。同时也从技能习得、习惯培养、体育锻炼、劳动实践四个维度分挑战主题，让学生们围绕自己的发展点或发扬点，坚持行动养成，培养良好的习惯品质。

3. 三方 PK，陪伴影响不断变化

在假期里，我们开展学生、家长、老师三方共同行动，自选一个主题展开挑战：有的孩子坚持每日练字，有的孩子坚持每日阅读，有的全家一起上阵开展每日跳绳赛。学生在身边的"重要他人"或陪伴或 PK 的过程中更具有挑战的动力，时时提醒，时时评价，自主成长，让变化清晰可见。同时，学生也以自身的行动在影响带动周围的人们。

五、特色与成效

在课程育人的理念下，我们的班集体与学校脉搏共同跃动，既有明晰的主线引领，也有多样化的活动方式融合，家庭、学校、社会三方携手，共同为创建成长的教育共同体不断赋能。

任何一个孩子的成长都不会一蹴而就，班集体就是孩子生命成长的有效载体，是孩子成长的精彩舞台。在班集体建设中，我们始终坚持课程育人，将每一件有长远意义的小事做扎实，努力实现有涵养、有学识、有格局、有韧性的阳光少年培养目标。

"角色课程"，唤醒孩子的内动力

■ 浙江省杭州市春晖小学　徐梦

◆·········　班主任简历　·········◆

徐梦，浙江省杭州市春晖小学教师，市优秀班主任，市学科骨干教师。荣获浙江省第五届中小学班主任基本功大赛小学组一等奖第一名、第五届长三角地区中小学班主任基本功大赛小学组一等奖第一名。所带班集体被评为市级先进班集体。

◆·········　班主任宣讲　·········◆

一、育人理念

我始终立足于"角色意识"的深化，秉承"课程育人"的理念，以角色意识的不断进阶为核心要义，围绕"我与自我""我与社会""我与世界"这三大维度，构建班级德育体系，展开班级德育特色课。以活动体验唤醒内动力，以多元评价促使角色意识深化，从而点亮学生心中那一盏盏向善向美的心灯。

二、班情分析

班级共 42 名学生，其中男生 23 人，女生 19 人。家庭多为独生子女式的"4+2+1"结构，因而孩子的社会能力偏弱。如何让孩子完善自我，发展社会性，以个体的内动力推动班集体成长，是班集体建设中的首要思考。

三、班级目标

采用"1+X"的课程结构，设计并开展立足于角色意识的系列化班级特色课，让学生以活动体验为媒介，从而优化自身积极的角色意识，进而以个体的内动力推动班集体建设。

四、实践做法

在社会生活中，人们总是自觉或不自觉地扮演着某种角色，并根据这一角色要求思考、规范自己的行为。在学校中，每个学生也都扮演着某种角色，而相应的角色意识则或主动或被动地制约着学生的行为模式。

比如"一个怎么也教不好的孩子"，老师用尽方法，孩子依然我行我素、破坏力升级。但当我们淡化这个孩子的这一角色意识，不再每天与他"斗智斗勇"，而是努力发掘并培养他的"其他角色"，改变就会悄然发生。

可见，积极的角色意识，可以唤醒学生的内动力，助推班集体更好地发展。我尝试将这样的理念运用于班集体建设中，在班级开展了"角色课程"的教育活动。

（一）"角色课程"的思考：以角色意识涵育班集体

所谓"角色课程"，就是培养班级学生角色意识的系列化班级特色课，让学生以活动体验为媒介，从而优化自身积极的角色意识，进而以个体的内动力推动班集体建设。

1.三个阶段，解读学生的角色意识

根据学生的年龄特点，我将小学阶段学生角色意识的发展进程划分为"角色认同""角色重塑""角色提升"三大阶段。

（1）角色认同阶段。

一二年级时，我们往往注重规则的建立。"没有规矩，不成方圆"成了低段老师的口头禅，却忽略了此时的孩子由于环境、学习方式等方面的变化，心中难免会存在分离焦虑，容易对原本处于全能状态的自己产生怀疑。

在这一阶段，要建立起孩子内心的安全感与归属感，即充分帮助完成儿童的角色认同，让孩子真正融入校园，喜欢上班级。

（2）角色重塑阶段。

三四年级时，孩子开始由"我的世界"转向关注"同伴世界"，此时孩子自我角色的确立是基于周围同伴的看法。班主任们颇为头疼的"中段大滑坡"现象，是因为不少儿童在升入三四年级后，同伴交往的复杂化，学业难度的增加，使得自我角色价值突然降低，继而引发相应的学习、行为问题。

在此阶段，我们要引导孩子正确对待同伴评价，提升自我价值，重新塑造新的角色意识，以符合孩子心智成熟的发展规律。

（3）角色提升阶段。

五六年级时，孩子迈入前青春期，自我意识增强，能根据自己不断浮现的目标、生成的价值及自我的感觉，描绘出自我的内在图画，形成相对稳定的角色意识。

在此阶段，若缺乏相应引导，孩子们容易被"一夜爆红""网红明星"等吸引，迷失方向。因此，需要我们关注引导孩子发展内部价值，实现自我角色提升。

2. 三个目标，定位"角色课程"的方向

明确了三个阶段后则要定位关键目标。在我接任这个班前，对家长进行了问卷调查与访谈，发现孩子普遍素质良好，有充分的学前教育。由于多数孩子是独生子女，他们社会能力偏弱，因而家长更为关注儿童的社会性发展。

结合角色意识的培养阶段，我梳理出三个维度的发展内涵："我与自我""我与社会""我与世界"。从这三个维度中提炼出"自信""担当""创新"三个关键词，将自信落在"悦读"和"人际"，旨在培养自信的儿童；将担当聚焦"责任"与"善行"，旨在培养合格的公民；将创新落在"梦想"和"创新"，旨在培养创新型人才。我还设计出班级特色课程表。

角色意识	年级	班级培育目标					
角色认同	一年级	绘本故事屋	倾听与表达	自己理书包	同伴帮帮乐	时光梦想园	手工创意坊
	二年级	一千零一夜	道谢与道歉	整理小能手	互助小达人	大师梦想坊	七巧魔法屋
角色重塑	三年级	国学诵读坊	安慰与劝说	岗位初体验	校园善行队	梦想体验室	魔方达人苑
	四年级	儿童故事馆	求助与拒绝	班级议事会	薪火漂流瓶	梦想励志坊	乐高机器人
角色提升	五年级	儿童文学社	协商与合作	学校圆桌派	社区服务站	梦想炼金石	创意实验室
	六年级	外国名著篇	回忆与祝福	社会小公民	善行加油站	梦想规划师	创客空间站

（二）"角色课程"的实践：以活动体验唤醒内动力

班级"角色课程"利用每周四下午班本课程（40分钟大课）及中午（15分钟微课）开展活动，采用"1+X"的课程结构。"1"是指实施中，活动是根基，让每个课程都通过序列化的活动展开。"X"是指在以活动为根基的原则之上，充分实现满足个性发展的实施策略。我采用了自主式实施、指导式实施、引入式实施。

1.1+自主式实施

（1）缘起。

在一次监考中，我看到一个女孩拒绝借给同桌铅笔，问及理由，女孩说："借给了别人，东西可能会丢，我才不要借东西给别人呢。"那一刻，我深感震惊。

一个时代，倘若缺乏温情脉脉的互助，那么等到我们的孩子长大之日，社会的冷漠是否会与日俱增？但如果强行用说教的方法，告诉孩子要助人为乐，未必能引发孩子内在最真切的触动。因此，我更倾向于让孩子在活动中自行体验，产生真实的情感。

（2）活动。

于是，我开展了"同伴帮帮乐"的自主式体验课程。

同伴帮帮乐

【活动一】冷漠一周：这周内，不能帮助任何同学，也不能接受任何人的帮助，学生自主体验，记录心情卡。

【活动二】互助一周：这周内，尽量去帮助他人，也接受他人的帮助，学生自主体验，记录心情卡。

【活动三】分享体验：说说这两周自己的心路历程，切身感受到帮助与被帮助的快乐与温情。同时设置两难情境，帮助学生辨析什么情况可以帮，什么情况不能帮。比如，同学要我们帮他抄作业，抄还是不抄？引发思考，总结策略。

（3）思考。

我发现一个很有意思的现象：一二年级的孩子非常乐于助人，而到了中高段，却热情减退、冷漠相待。为何？

现代脑科学的研究作出了如下解释：低段的助人为乐行为背后，其脑回路奖赏机制是建立在外围的奖赏，如言语奖励"你真棒"之上，并未真正内化为儿童的精神需求。

为了让助人为乐真正内化为孩子的情感体验，我们先开展了为期一周的"冷漠体验"。在这一周中，孩子们纷纷出现不适应的状态，美术课没带蜡笔，没人肯借；在校门口因为没戴小黄帽，急得跺脚，也没人理会……种种因冷漠引发的后果，孩子们已体验到。

紧接着，在互助一周内，孩子们可以尽量去帮助他人，享受"赠人玫瑰，手有余香"；亦可以接受他人的帮助，享受被帮助的温情与感动。如此鲜明的对比，无须多言，助人为乐已在孩子们心里悄悄萌芽。

在最后的分享体验中，我针对前一周班级里出现孩子不分青红皂白什么都帮的情况，开展了情境思辨的讨论环节，帮助孩子学会分辨什么才是适宜的帮助。三周的自主体验课程下来，孩子们的内心被触动了，也对帮助他人有了基本的分辨能力。

2.1+指导式实施

（1）缘起。

共享单车刚刚进入市场的时候，我们班许多孩子都喜欢利用课余时间去破解单车密码，且引以为豪地发朋友圈，吸引了小伙伴的疯狂点赞。

如果此时我强行介入，以规章制度杜绝此类现象，或许可以制止这一行为，但孩子心底关乎责任、担当的种子并未发芽。

因此，在角色提升关键期的"社会小公民"课程中，就需要老师循循善诱，进行价值观的重塑。

（2）活动。

社会小公民

【活动一】美丽风景亮生活：出示共享单车活力十足的海报，谁来给它点个赞、夸夸它？

【活动二】单车乱相"亮"眼前：新闻视频、照片、调查反馈、自我反思等，呈现真实的使用单车乱相，与前面的"美丽"形成鲜明对比。

【活动三】头脑风暴亮对策：出示校园直播间的三个选自真实生活的场景，头脑风暴，寻找对策。

【活动四】宣传实践亮行动：设计单车宣传语；寻找共享合伙人，从社会回归校园，在校园内寻找共享事物的使用现状，并加以改善。

（3）思考。

六年级的孩子，处在角色提升的关键期。在这个价值观逐渐明朗的阶段，他们需要发展内心的自我价值，从而完善对自我角色的意识定位。

就像对待破解共享单车密码这件事情，很多孩子一开始不以为然，反而觉得这是值得炫耀的新技能。但是经过了这样的一节课程指导后，孩子们发现"共享"意味着资源的共享、责任的共担，从而回归校园，寻找校园内共享事物的使用乱相，比如开放图书角的书籍总是肆意摆放，音乐室的桌椅总是被乱涂乱画……

后续，孩子们还与自己的共享合伙人想出了很多好办法，比如树立童趣化的提示牌，成立志愿者队伍，联系德育处每月评比"最美使用者"。一节社会小公民指导课，如同一盏灯，点亮了孩子对社会的小小担当。

3.1+ 引入式实施

（1）缘起。

我们学校地处商业区，孩子们热衷于购买快餐，互相比较谁的套餐更丰富，或者课余时间喜欢扎堆在校门口的奶茶店里，边喝奶茶边写作业。每天值日生扫地的时候，总会发现这个人抽屉里还有半个没有啃完的汉堡，那个人抽屉里还有半包没吃完的薯条。于是，我布置了周记，让孩子们写写对这件事的看法。

周记交上来后，一个孩子率性的文字让我大跌眼镜："奶茶是年轻人的象征，哪个年轻人不爱喝奶茶？总不能让我们这个年纪捧着保温杯加枸杞吧。何况一杯奶茶才十几块，就算每天喝，一个月也不过几百块。现在那些网红直播，一个晚上就可以收入几万块。网上有个新闻，说一家淘宝店店主，轻轻松松坐在电脑前，随便点几下鼠标，月收入百万。喝一杯奶茶又怎么了呢？"

这表面只是浪费现象，但透过孩子的文字，我意识到，背后更是孩子的价值观问题呀。现今的媒体，淡化网红背后的艰辛，凸显网红的巨额收入，使得这群涉世未深的孩子们对"赚钱可容易了"深信不疑。

因此，我觉得有必要让孩子深入社会，去体验真正的工作岗位。

（2）活动。

要走出校园、走入社会，凭借我的一己之力是难以实现的，因此我借力丰富的家长资源，进行家长引入式实施，开设"岗位初体验"课程。

岗位初体验

【活动一】筛选岗位：由家长申报，可以为班级提供什么样的岗位。

【活动二】确定岗位：小组进行圆桌会议，在可选范围内，确定自己小组要体验的岗位，填写岗位申报书，并进行任务分工，制定详细的岗位体验计划表。如有的小组选择要体验牙医护士，有的小组选择要体验超市售货员，还有的小组选择了淘宝店铺进行体验。

【活动三】岗位体验：利用课余时间，深入到社区去体验相应的岗位，完成相对应的体验记录。

（3）思考。

活动伊始，很多孩子很兴奋，觉得可以摆脱家庭、走出校园好好玩一番，甚至还有孩子憧憬可以赚个几百块。但真正体验后，孩子们发现这并不是玩。

就像原先那个羡慕网红一夜暴富的孩子在周记里写的："原以为开淘宝店是件非常轻松的事情，只要坐在电脑前点点鼠标就可以了。但是经过这次体验后，发现世界上没有一件事是可以轻轻松松完成的。我们这次到一家卖衣服的网店工作室，首先要在旺旺上跟客户沟通，有些难缠的客户，为了能包邮，一直拉着我们扯，真是磨破了嘴皮子！还有些客户，在问了各种尺寸后，突然'凭空消失'。要是运气好，遇到了肯下单的客户，那我们还要把衣服认认真真叠好、用透明袋子装好，放入小礼物和卡片，仔细地填上收货地址，核对再三，才可以将快递盒打包封好，交给快递员叔叔。今天才知道，原来电视上说的'轻轻松松月入百万'都是骗人的。"

不仅如此，在岗位体验后，不少家长都发来微信，谈及孩子身上发生的变化：以往在家吃饭不知道摆碗筷的，现在都能整整齐齐将碗筷摆好；以往从来不整理房间的，现在也能自己动手整理；甚至还有从未洗过衣服的，也会拿起衣服尝试着去洗……

（三）"角色课程"的评价：以多元评价促角色意识深化

1. 静态式评价

我们班学生人手一本"银行存折"。每当他们完成一次课程时，就可以获得10、20、30的积分；同样，还可以根据"朋友点赞"获取积分，每位学生手中都有三张奖励贴纸，可以在每次课程中奖励给身边的同学。

累积的积分可以在"大富翁银行"中换取班币，继而在心愿清单上选择自己心仪的奖励。比如30积分就可以在班级大转盘上抽奖一次，50积分则可以邀请喜欢的老师共进午餐，70积分就能将班级动物园的小动物带回家饲养两天。将课程评价融入到孩子日常的奖励制度中，让孩子们不亦乐乎。

2. 动态式评价

比起指向结果的积分，我更喜欢指向过程的动态评价，这才是见证孩子作为个体的蜕变历程。在活动中，我随身带着爱心便利贴，随时写下观察到的场景，用激励式的评价语呈现出来，如"你在活动中能关注到同伴的情绪，真了不起"，又如"发现了吗？当有同学批评你的时候，你不再发火了哦"，等等。

这类评价语指向儿童的角色塑造，如同心理学的"镜中人"效应，帮助孩子发现在活动中点滴进步的自己。当孩子们收到这些小小的纸条时，特别欣喜。还有家长告诉我，孩子不舍得把这些小纸条丢弃，把它们整整齐齐地收藏起来。

3. 展示式评价

在每个学期结束时，我们班会举行"星光大道"颁奖典礼。人人分享自己的收获，可以以故事、成品等多元化的方式呈现，然后根据孩子们这个学期的表现，评选出"最美倾听者""最佳合作者""最具温暖者"等。

最后，男生女生双手高高举起呈拱门形状，搭建"凯旋门"，每位学生都穿越凯旋门，高呼"成长快乐"，以此庆祝自己这一学期的丰收！

五、特色与成效

"角色课程"，就是让学生优化其角色意识，使其成为更好的自己和班集体的主人。几年的实践下来，大家都发现我班学生身上的精气神较之同龄孩子更强。我知道这是因为孩子身上自我发展的原动力被唤醒了。

在整个"角色课程"中，我不是苦口婆心的说教者，不是事无巨细的承包者，更不是冷眼旁观的围观者，而是一个点灯人，点亮一盏盏摇曳的灯笼，唤醒孩子的内动力，将未来的道路照亮。

麦穗"理"成记

——麦穗中队整理养成教育

■ 浙江省温州市温州大学附属茶山实验小学　戴蕾蕾

◆········· 班主任简历 ·········◆

戴蕾蕾，浙江省温州市温州大学附属茶山实验小学教师，温州市优秀班主任，温州市教坛新秀。荣获第九届长三角地区中小学班主任基本功大赛一等奖。所带班级荣获市级先进班集体。2021 年，被浙江省推荐参加全国中小学班主任基本功展示交流活动。

◆········· 班主任宣讲 ·········◆

一、育人理念

我的育人理念是：整理养成，从此向未来。"整理"作为一个有效的教育支架，六年一以贯之，使麦穗中队从低段的麦子整理自我，到中段的麦苗融入小我，到高段的麦田面向大我，走向世界与未来。通过整理，从无序到有序，从个体到集体，从整理行为到整合创新，从环境到生态，从家国到世界，实现学生核心素养的真实培育。通过整理自我、整理关系、整理未来，做最好的自己，创看得见的未来。培养学生从"自我"看到"小我"，再延伸至"大我"的生命个体，最终成为独立自主的学习者、自己解决自己问题的专家。

二、班情分析

在我的班级中，孩子们想整理的愿望比较强烈，大家都希望能从整理课桌问题开始养成一系列"整理"。培养看得见的习惯，联络留得住的情感，培育带得走的能力，是大家共同的愿景。

落实到实践去整理时发现，学生大多因为没有系统的整理习惯、整理方法、整理思维，总是手忙脚乱。理了这个丢了那个，换一个新环境又不会整理，无法迁移所学。真正会理的学生少之又少。因此，我想多多培养会理的学生，不但会整理，更能坚持有序整理，使"慧"整理成为他们终身受用的法宝。

三、班级目标

（一）低段麦子汲营养——整理自我，培养看得见的习惯

通过体验式整理，用感知走进麦子习惯养成；通过主题式整理，用评价夯实麦子习惯养成；通过共育式整理，用合作畅通麦子习惯养成。整理自我，培养学生看得见的习惯。

（二）中段麦苗紧相依——整理关系，联络留得住的情感

通过情境链接"我"与学校空间，整理小关系；通过活动链接"班"与教育空间，整理大关系。整理关系，联络学生之间留得住的情感。

（三）高段麦田喜丰收——整理未来，培育带得走的能力

通过课程助力发展，整理未来大目标；通过"作业"见证成长，整理未来小目标；通过实践引领未来，从现在出发。整理未来，培育学生带得走的能力。

四、实践做法

养成教育是一个永恒的主题。我们班是"麦穗中队"，我注重培养学生"理"的能力，让学生从会整理，到坚持有序整理，直至"慧"整理，最终成为独立自主的学习者、自己解决自己问题的专家。

（一）整理自我，培养看得见的习惯

学生来自不同的家庭，他们的行为习惯、个性特点、教育起点各异，因此，我通过开展"1+1 共育整理成长营"活动，与家长形成教育合力，帮助每个学生学会整理自我，实现习惯可视化。

1. 体验式整理 1+1——以感知走进习惯养成

每学期开学第一周，我们都会开展"整理体验周"活动，主要包括：整理书写习惯，使学生掌握坐姿、握笔姿势、写字姿势，适应书写要求；整理"一平方米"习惯，使学生学会在教室独立整理属于自己的"一平方米"，如整理抽屉、书包、文具、水壶、餐桌布等个人物品，整理好卫生角工具等班级用品；整理阅读习惯，养成独立在教室静心阅读一定时长的习惯，不跳读浏览，不走神讲话；整理校园适应能力，了解新环境，融入集体生活等。在学校完成整理任务后，学生回家还要巩固整理成果或进行简单的家务整理，实现整理 1+1。

2. 主题式整理 1+1——以评价细化习惯养成

我将学生日常行为规范概括为"爱国""文明""担责""安全""交往""礼貌""善学""诚信""勤劳"等九大德育核心主题，并据此提炼出"九大好习惯要点"，开展"一月一习惯"成长整理活动。比如，每年 9 月是"文明好习惯"培养月，我依据这一主题，确立从个人卫生仪表到班级、校园卫生再到公共卫生、公共环境文明的进阶式培养思路，并细化了每个年级的具体要求。

每月，我们会开展"好习惯达人"评选活动，让每个学生都能登上领

奖台，获得"好习惯达人"称号。我还请家长在家中设立"好习惯星星榜"，让学生更快乐地投入到整理习惯的养成中。这种1+1评价方式打通了家校壁垒，六年延续，保障整理习惯培养贯穿于学生成长的全过程。

3. 书写式整理1+1——以作业夯实习惯养成

"双减"政策实施后，学生自主安排的时间一下子变多了，培养他们自主学习和规划时间的能力变得尤为重要。我从作业设计和安排出发，引导学生自主安排学习和生活，培养良好的习惯。

（1）契约式作业。

以整理一周学业为小目标，让学习更有仪式感与使命感。为了让学生们自主规划好一周的作业安排，我引导他们先自主整理，明晰自己一周学习的重点，自主拟定作业安排。接着，与组内同学交流探讨，精选作业。对作业独自整理、合作整理的过程，既是对知识梳理的过程，也是对自我深入了解的过程。最后，定稿反思，确认契约内容，并与组内同学共同签字，进而跟进进度，为自己规划，对自己负责。

一周结束后，我们对照契约内容检查学生是否如期、保质完成。遵守契约的学生能优先拿到下一周的契约作业单，做契约先行者。

（2）项目化作业。

我们班的作业会打通学科壁垒，将语、数、英等学科要点结合起来，以精品作业的形式呈现，更多指向学生综合素质的发展和综合能力的提升。

以"福虎生威寒假集福"项目化作业为例，学生通过坚持诵读，集得朗诵福；通过坚持阅读，集得阅读福；通过坚持动脑，集得智慧福；通过英语阅读，集得洋气福；通过快乐律动，集得艺术福；通过追溯春节，集得年味福；通过美美生活，集得美化福；通过坚持做家务，集得勤劳福。以此开启新年，集虎福。

（3）思维导图作业。

以梳理知识脉络为小目标，让学生整理所学。比如："致敬最美逆行者"，学生根据不同时间节点出现的英雄人物故事绘制时间线性思维导图；"攻克阅读理解"，学生从理解重点词句、描写分类、结合体验理解等方面绘制网状思维导图；读小说《童年》，学生分析人物关系时绘制人物结构导图……思维导图作业，让课堂知识在课外延展。

（4）成长档案作业。

以六年成长为小目标，为未来储能。比如，对"我的基本信息""我的得意之作""我的获奖记录""我的精彩瞬间""我的心爱读物""我的恩师赠语""我的同伴赠言"等进行阶段性整理，相信不断梳理人生的人一定能成为最有条理的学习者、能力者。每一项作业，学生先拿到作业单，再通过校外知识的摄入、社会体验的融入、父母角色的辅助等，将学科知识进一步内化与外延，实现整理1+1。

（二）整理关系，联络留得住的情感

每个学生都有融入集体、得到同伴认同的愿望和需求，我借助"系列活动整理欢乐场"模式，开展多彩活动，引领学生整理关系，联络同学之间留得住的情感。

1. 活动链接"我"与学校空间，整理小关系

"六诗"活动温情展开，链接"我"与学校空间。

（1）生日诵诗，整理"我与老师"的关系。

老师会给班级中每个过生日的学生写一首生日诗，并与日常收集的"小寿星"照片一起制作成精美的课件，吃蛋糕、赠书、送祝福等仪式把生日诵诗推向高潮。

（2）为你读诗，整理"我与伙伴"的关系。

学生们约上三五好友，携手走进校园朗读亭，一起朗读名篇，走进经典；英语配音，有滋有味；开展"影视同期声"，快乐无边。

（3）我来写诗，整理"我与我"的关系。

学生们书写含有自己姓名的藏头诗，了解自己，寻找自己，推介自己。

（4）叹咏组诗，整理"我与环境"的关系。

学生们为校园十景分别献上现代组诗，如"净化池塘"诗一组、"呵护草地"诗一组、"美化图书角"诗一组等，以诗会友，以诗喻理。

（5）诗礼传家，整理"我与家乡"的关系。

走进《登江中孤屿》《咏温州》，读家乡诗，游家乡地，感受家乡历史文化，构建"我与家乡"的情感纽带。

（6）诗画人生，整理"我与社会"的关系。

开展"我和我的祖国"梦想调查活动，我手写我心，我手画我形，用简单的画作表达自己的人生梦想，启蒙学生的社会责任意识。

"六诗"活动有情、有爱，链接点对点的关系，帮助学生在不同的环境、集体、人际交往关系中，逐步成长为"自信生活、快乐成长、拥有梦想"的"独特的我"。

2. 活动链接"班"与教育空间，整理大关系

教育的最终目的不局限于班级一隅，我通过一系列集体活动，带领学生融入学校、家庭、社会为我们搭建的教育空间。

比如"暖冬日·微公益"等走进社会活动，有利于培养学生们的协调能力和创新意识。在社会实践中，学生们要与各种不同身份的人接触，他们中既有活动伙伴，又有社会群众和指导教师，学会如何与同学分工合作，融洽地与周围的人们相处就显得尤为重要。而实践活动现场正好成为考验学生品性修养的好环境。

（三）整理未来，培育带得走的能力

我们的教育不仅要培养学生学会照顾自己，还要让他们学会展望未来，能够关照集体中的小我与社会大背景中的大我。我通过"课程群整理展示台"活动，引领学生整理未来，培育他们带得走的能力。

1. 核心价值观班本课程，整理未来大目标

培育和弘扬社会主义核心价值观必须从小抓起，从学校抓起。我紧紧围绕"富强、民主、文明、和谐、自由、平等、公正、法治、爱国、敬业、诚信、友善"12个关键词，设计核心价值观系列班本课程，引导学生在价值内涵上认知，在思想感情上认同，在学习生活中践行。

三年级时，我发现学生普遍知道要爱国，但不知哪些具体行为是爱国。

于是,"爱国"主题下的"五星红旗亮亮亮"班会课应运而生。我和学生们通过"寻最美敬礼姿势""评最亮国歌声""解升旗两难题"等活动,明确升旗时的正确做法,纠正生活中不尊重、不爱护国旗的偏差行为;通过"红色象征如何护""爱国地图我来拼"等活动,践行力所能及的爱国小事;通过"填写爱国行为践行卡""保护国旗宣誓言"等活动,领悟爱国情感,最终将爱国旗升华为爱国行为。

2. "麦穗足迹"实践课程,整理未来小目标

我带着学生们一起建构"麦穗足迹"实践课程,从校内到校外,让他们在真实的大环境中整理所学,创设用武之地。

(1)地摊市场有甜味。

整理,让摆摊有条不紊。2020年暑假,我们班学生在"学子广场"开展了"活出我的young"摆地摊体验社会实践活动。四个摊位准时有序出摊,摊位分门别类,有甜品类、书籍类、文具类、游戏类,商品种类繁多,设计多样。学生们增强了对市场的客观认识,体验了赚钱的不易,培养了吃苦耐劳的精神。我们将本次劳动所得捐献给了四川省阿坝县的孩子们,大家在奉献中再一次体验了热心公益的快乐。

(2)研学活动有敬畏。

整理,让研学计划明确。我们班学生走进贾岙村,大家在动手制作陶罐的过程中体会到一个碗的来之不易。我们挺进大罗山,在种菜、烧饭、饲养家禽、打理猪圈的实践中,明白"一粥一饭当思来之不易"。我们探访五马街,寻找"最美劳动者",从"蜘蛛侠高空作业""网络直播真情献唱""行为艺术特立独行"等工种里感受劳动艰辛。我们走进温州医科大学,开展"探医学之路,寻医学之美"亲子行,在大学生课堂上了解生命的起始与终结,让学生与生命科学亲密接触。学生体会到了"生活靠劳动创造,人生也靠劳动创造"的道理,逐渐树立起社会责任感和使命感。

(3)微爱公益有情味。

整理,让公益融洽和谐。我们开展的红日亭施粥公益活动——"满满热情,好好粥到",借助家委会提供的社会公益资源,搭建亲子公益平台,

赋予劳动教育更丰富的精神内涵，让学生在社会公益服务中培养吃苦耐劳的精神，感受劳动带给自己和他人的快乐。

整理的最终目的是引导学生把整理的理念变成行为常规，有意识地整理知识甚至是自己的生活，成为适应社会发展需求的自主、自立、自律的个体。

五、特色与成效

（一）成长循序渐进——整理的规律纵深

育人过程中，我依据学生的成长规律和特定环境下的班情进行循序渐进的"麦子汲营养""麦苗紧相依""麦田喜丰收"三个阶段，三阶段借助"整理"支架一以贯之、各有侧重，使整理在不同阶段满足学生成长和提升需求，授之以渔。

（二）成长向宽而行——整理的厚积薄发

整理养成的最终目的是把整理的理念扎根在孩子的心里并变成常规。当学生学会了整理和习惯了整理，就会有意识地在获得知识后去整理，甚至能整理自己的生活。从习惯到生活到未来，整理之路越走越宽！

（三）成长无限可能——整理的可持续发展

整理大有用武之地，通过整理培养学生习惯养成，处理良好关系，自主地规划未来，让孩子成为移动的"能力者"，独立自主的学习者，自己解决自己未来问题的专家。

建设"知行合一"学风，培养学生良好品格

■ 天津市东堤头中学　李蕊

◆·········　班主任简历　·········◆

李蕊，天津市东堤头中学教师，天津市杰出津门班主任，天津市优秀班主任。荣获天津市班主任技能大赛一等奖。所带班级多次被评为市、区级优秀班集体，荣获天津市 2022 年度"红领巾奖章"四星章中队。2021年，被天津市推荐参加全国中小学班主任基本功展示交流活动。

◆·········　班主任宣讲　·········◆

一、育人理念

习近平总书记说："在常学常新中加强理论修养""在知行合一中主动担当作为"。古往今来，无数伟人巨匠的成功，都是将自己的知与行不断修炼提升，最后达到知行合一的境界。

知，为人对道理、理论的了解；行，为人的行为或实践。知和行是不可分割，不分先后的。明代著名思想家王阳明在《传习录》中说："知而不行，是为不知。行而不知，可以至知。"知和行是人的两类基本活动，我们的教育目的不应只停留于知。

作为班主任，要通过自身的言传身教，创造条件在各个方面指导学生实现知行能力的统一发展，用马克思主义观点来讲就是"理论与实践"的

统一。知行合一，既是教育的理念，也是教育的原则。在这一理念指引下，为了更好地完成为党育人、为国育才的光荣使命，逐步形成了个人的带班育人方略：建设"知行合一"学风，培养学生良好品格。

二、班情分析

当代学生接受新知能力强，但文化底蕴和行动力较差，很多学生只是一味地追求学习书本知识而忽略自身全面发展。本班由于地处偏远农村，经济和社会文化发展都比较落后，严重影响了家长对孩子教育的重视程度，孩子们的所见、所闻都比较片面和狭窄，没有自己的人生规划和理想，知与行不能很好地结合在一起。

三、班级目标

通过班集体建设拓展学生眼界，以鲜明正确的价值导向引导学生，以积极向上的力量激励学生，让学生把所学的"知"与所做的"行"充分地结合起来，从而形成良好品格，引导学生准确理解和把握社会主义核心价值观的深刻内涵与实践要求，从小树立为共产主义远大理想和中国特色社会主义共同理想而奋斗的信念和信心。

班级三年发展规划：

七年级：知规矩方圆，养少年之气！

八年级：知人生理想，立少年之志！

九年级：知祖国需要，行少年之责！

四、实践做法

（一）知中华传统——行担当之责

中华民族是伟大的民族，有着五千多年源远流长的文明历史，为人类文明进步作出了不可磨灭的贡献。作为历史与未来的传承者，班主任首先要让学生知中华传统，担时代重任，行少年之责。

1. 行自主管理担当之责

一个优秀的班集体，离不开一支强有力的班干部队伍，我们挖掘中华传统文化管理体系，以吏（学习）、工（生活）、刑（纪律）、户（财政）、礼（文艺）、兵（体育）六部建设班干部团队。

吏部无限风光：为迎接中国共产党建党100周年，知行讲坛中的"党史故事我来讲"系列活动浸润心灵，"亲子诵读"中的红色故事扣人心弦……一次次活动，使学生们充分地感受到：一百年来，中国共产党团结带领中国人民，以"为有牺牲多壮志，敢教日月换新天"的大无畏气概，书写了中华民族几千年历史上最恢宏的史诗。

工部巧匠将教室装点为书房，古墨翰香，自主营造书香氛围，结合班级文化的书法、剪纸、国画等中华传统艺术作品纷纷映入眼帘，真正做到让每一面墙都能说话，让每一面墙都能展现中华传统的博大精深，以外在环境浸染着每一位学生的心灵。

刑部立法明，执法严，完善的班级公约由所有同学自主制定。户部设有经济管理体系，每月都由户部尚书给同学们颁发智慧币，每个小组可以用智慧币来购买所需学习用品、免作业卡等奖品，以及大家最期待的每月一次的座位拍卖大会。刑部、户部共行自主管理之责。

礼部、兵部的社团百家争鸣。民乐队内能人层出，一件件传统乐器，一个个曼妙音符，滋养少年心灵，使浮躁的心得以平静。国粹京剧唱念做打有模有样，一笔笔勾描，一张张脸谱，民族遗产一代一代往下传。武术社团中一式式拳脚，一件件兵器，都是民族精神的写照，彰显中华少年之风采。

以六部为骨干力量，各社团彼此交融，学风建设呈现和谐、向上的景象。由此，我更加笃信"少年强则中国强"。

2. 行文化传承担当之责

知中有行，行中有知。我和学生一起制作传统文化生活日历，让每一个节日都具有仪式感。清明寄哀思，隔空敬英雄，开展"一朵小花祭英雄"的云祭扫活动。中秋遇国庆，月圆情更浓，做鲜美月饼，献祖国，谢师恩，孝双亲，让传统节日有了时代气息。正月十五闹元宵，花灯谜语展风华，亲手制作的精美花灯，引来全校师生的驻足欣赏，一个个谜语的精彩解答，更展现了知行学子的卓越风姿。春节民俗来介绍，中华传统代代传。小年夜的窗花剪纸、腊月二十八的扫尘、腊月二十九的贴春联、大年三十的年夜饭、正月初七的及第粥……一个个春节习俗的精彩讲解、灵动演示，让学生在深厚的文化底蕴中汲取民族精神营养。

（二）行万里河山——悟高远之志

俗话说："读万卷书，不如行万里路。"面对当今盛世中国，为了更好地明确自己努力前行的方向，在学风建设中，我们开展"行万里河山，悟高远之志"系列班级课程。

1. 行于名校游学，悟报效祖国之志

在一所所历史悠久的知名大学中，感受深厚的人文底蕴，于清华园内感知什么是"自强不息，厚德载物"，于南开大学中理解什么是"允公允能，日新月异"……众多名校，促使学生领悟志存高远、报效祖国的深刻内涵。

2. 行于远足拉练，悟民族振兴之志

每年春季10公里远足拉练，使学生既锻炼耐挫能力，更感悟"脚下的路，只有脚踏实地才能走得更好"的道理。学生们自发来到长城拉练，屹立于长城之巅，感受民族脊梁的坚挺。在路上，困难难不倒小伙伴的团结互助；在路上，用友情演绎青春，用毅力丈量里程；在路上，用脚步丈量青春，走好新时代的长征路，为实现中华民族伟大复兴的中国梦磨炼意志、强身健体。在2021年满分12分的中考体育测试中，知行园班级平均分11.19分，23人满分。知行学子在拉练远足的过程中培养出"逢山开道、遇水架桥，勇于战胜一切风险挑战"的坚韧品格。

3. 行于社会实践，悟奉献家乡之志

身为一名教育工作者，我深知自己的使命是要让孩子们有更强的服务社会的意识和责任感，所以我将自己钟爱的志愿者活动融入到了班级管理中，将"东堤头中学知行志愿团队"打造成了我和孩子们共同的班级课程。

承担公共设施清洁，甘当创文创卫小使者；在学校周边进行垃圾分类数据采集，足迹遍布周围十几公里，更为建设绿水青山的美丽乡村蓄力前行。爱家乡争做小导游，带你畅游天津卫，了解家乡的历史文化，在活动中感受家乡的巨大变化。

由于地处偏远，家长对于孩子们的素质教育十分不重视，所以我校近几年开展了多种校本课程，小志愿者们在班级各社团的熏陶下，每个人都能学好几种才艺。他们不再是原来那个土里土气的孩子，而是成为了能拿得起琵琶，拉得起二胡的文艺少年。志愿者小美说："李老师，能不能让我的弟弟妹妹们也变成像我们这么多才多艺呢？"是啊，"少年强则中国强"，我们的志愿活动应该面向祖国的未来。所以，志愿者们经常到村里的幼儿园教孩子们弹琴、唱歌。知行志愿者还先后多次回到自己的母校，为小学生的家长宣讲素质教育的重要性，呼吁家长们让孩子能有一技之长，修身养性。为了扩大我们志愿服务的范围，小志愿者们利用假期在村里开展"乡村大舞台"的文艺演出，在不知不觉中提升了当地村民的文化修养。

4.行于脱贫攻坚，悟关爱他人之志

建党百年来，我们实现了第一个百年奋斗目标，在中华大地上全面建成了小康社会，历史性地解决了绝对贫困问题。在国家脱贫攻坚战中，学生们以微薄之力扶贫点亮心灯，与多处贫困地区青少年开展"小手拉小手"系列活动：赴河北省兴隆县青松岭中学，开展"携手共进，丈量青春"联谊活动，青松岭上青松志，知行学子收获多；两年间为新疆和田县同学捐赠500多本图书，开展"海内存知己，共读一本书"活动；与西藏、甘肃等地青少年进行云端联系，体验和感受贫困地区艰苦的学习环境，养成关爱他人的良好品格。学生们从我做起，与全国各地青少年携起手来，意气风发地向着全面建成社会主义现代化强国的第二个百年奋斗目标迈进。

学生们从线上到线下，行于祖国万里河山之中，感悟、领悟、顿悟高远之志。蓝图绘就，正当扬帆破浪；重任在肩，更需策马加鞭。

（三）知时代需求——炼创新之能

未来属于青年，希望寄予青年。一百年前，一群新青年高举马克思主义思想火炬，在风雨如晦的中国苦苦探寻民族复兴的前途。一百年来，在中国共产党的旗帜下，一代代中国青年把青春奋斗融入党和人民事业，成为实现中华民族伟大复兴的先锋力量。时代需要创新，教育更需要创新，教师要做学生锤炼品格、学习知识、创新思维、奉献祖国的引路人。学风建设中，我们创新小组建设，每个小组紧跟时代前沿，学习先进技术，炼创新之能。

1. 知媒体宣传，展创新风采

传媒小组创设"知行少年的知行人生"班级公众号，将传统的班级活动融入新媒体之中，传递正面积极能量，激发学生对班集体的认同感和归属感，展少年风采，扬班级文化，弘爱国之志。现浏览量已达几万人次。

2. 知人工智能，走创新之路

为了更好地成为祖国未来的接班人，各小组开展人工智能实习：学习编程软件，操控机器人；学习3D打印技术，自主打印教具模型；学习木梁承重，搭建桥梁，努力成为未来的工程师；学习研究航海模型，为未来祖国发展积蓄力量。船模小组的同学每次拿到模型就开始研究拼装，遥控行走轨迹，亲自动手搭建蓄水池，提供理想的训练场地；制作组的同学们每日研究图纸，进行试拼，研究哪种胶水更好使。刘娅琳与付振萱同学更是为了创意红船有更好的展示效果，为其绘制了一幅海报，将红船绘制得淋漓尽致。不忘初心，"船"递梦想，多次获得北极星杯青少年科技创新大赛优秀奖项。

五、特色与成效

在中华优秀传统文化的熏陶下，在社会实践的感知中，在新时代新技术的召唤下，学生们全面发展，不断践行着知中有行，行中有知，不断将知行合一的班级文化内化于心，外显于行，从小学校到大舞台，从天津市文艺展演到全国书法大赛，再到各类体育、科技等赛事，多次赢得个人和集体优秀奖项，先后涌现出多名天津市优秀学生、北辰区新时代好少年等优秀学生代表，班级被评为天津市优秀班集体和天津市"红领巾奖章"四星章中队。

学生们于知上不断积淀，于悟上不断透彻，于行上不断提升，在知与行不断融合统一的过程中，培养出将个人的理想追求融入国家和民族事业中的良好品格，真正做到以实现中华民族伟大复兴为己任，不断增强做中国人的志气、骨气、底气，不负时代，不负韶华，不负党和人民的殷切期望，书写出无愧于时代的青春之歌和精彩人生。

"三自"项目化赋能，提升学生生命品质

■ 浙江省杭州市采荷实验学校　茅雪峰

◆--------　**班主任简历**　--------◆

茅雪峰，浙江省杭州市采荷实验学校教师，杭州市优秀班主任。荣获第二届杭城"最令人爱戴的班主任"金奖，第九届长三角地区中小学班主任基本功大赛一等奖。2021年，被浙江省推荐参加全国中小学班主任基本功展示交流活动。

◆--------　**班主任宣讲**　--------◆

一、育人理念

习近平总书记指出："教师不能只做传授书本知识的教书匠，而要成为塑造学生品格、品行、品位的'大先生'"。我校以"尚德、善学、健体、强能"为校训，让学生在实践活动过程中找到自我、发展自我，培养优良品质和正确价值观。基于以上理念，我尝试以精神引领，用积极的人性假设、正能量引导，让每一个学生扬长生长。

二、班情分析

班级学生普遍学习能力较强，管理干部经验丰富，主动寻求多元发展。

受家庭教育环境影响，学生发展存在差异性，个体发展不均衡。有的孩子个性强烈，融合困难。大部分学生兴趣爱好广泛，但发展规划不明。故亟须挖掘学生个性潜能，培养学生合作意识，增强生涯规划能力。

三、班级目标

我将学生初中三年的成长目标分为"自律养成""自赏个性""自主规划"三个方面，并分别组建了项目群。通过"三自"项目化赋能，促进学生执行能力、合作解决问题能力、创造力与批判性思维的发展，使学生在知行、情理、身心等方面获得全面成长。

四、实践做法

（一）自律项目群——伸展羽翼，自律养成

自律是一种不可或缺的人格力量，是一个人取得成功的重要前提。自律项目群旨在从制度建设、班级文化、日常管理入手，建立自发、自立、自行的班级管理模式，帮助学生养成自律的习惯和能力，并初步形成积极向上、兼容并包的班风。

1."班级我定义"

班级文化是班级的灵魂，开展班级文化创造活动可以增强学生对于班级的认同感和归属感。我们从实际出发，让学生主动"定义"班级，充分发挥学生的思维、性格中的长处和特色，激励积极创造，争做主人。

（1）班职我来担。

建班之初，我将班级纪律、学习管理、劳动卫生、文娱活动等设成六个项目部。各部部长由学生通过撰写项目意向书进行申报，并由全班学生投票产生，其余学生按照个人专长和兴趣爱好加入各个项目部。所有项目部门成员不固定，每学期进行一次重组，让每一位学生都能参与各项活动，

帮助学生找寻适合自身发展的平台领域。各部部长和正、副班长一起组成项目委员会，负责班级重大事件部署、商议和决策。

（2）班景我来布。

各项目部分工负责布置"一班一景"。大家根据班名"飞翼班"、班级口号"仰望星空，脚踏实地"等携手打造班级文化，布置班级展板、长廊，设计班刊、班徽、班服以及谱写班歌。

我们的班徽是由纪检部设计的，主体是飘逸的书法字体"飞"，寓意展翅高飞；又像数字"6"，代表我们6班；"飞"字上再延伸出三个翅膀，寓意我们追求自律、自赏、自主的生命品质。

在各项目部角逐"我最喜爱的班级一景"最佳设计部门时，负责改编创作班歌《相信自己》的文娱部一举夺魁。每当大型活动和考试前夕或每次竞赛失利之后，"相信自己，你将赢得胜利，创造奇迹；相信自己，梦想在你手中，这是你的天地"的班歌都会飘扬在教室上空，让我们的心紧紧依靠在一起。学生在由自己亲手打造的班级中学习、生活，"有形"与"无形"中都会把自己当作班级的主人，自觉规范个人言行，与班级同心、同行。

2."权利我行使"

制度建设是班级不可或缺的文化资源，我们充分挖掘制度的"为我所用"功能，以一种"内省"的规范约束学生，同时以积极的监督作用发挥建设性的教育功能，为学生的自律养成创造一种特有的育人环境。

（1）班规我来定。

根据班级实际情况，我引导各项目部通过查阅资料、到别班考察等方式，分块制定"班级公约"和"星级考核条例"，从品德、学习、卫生、纪律、体艺、文娱、实践等方面全面考量学生的综合素养，各项目部分工负责对相应项目进行考核、评价、记录。我们把各项目部的考核结果汇总在一起，作为学生期末考核评定的重要依据。班级形成"制定—评价—奖励"一体化运行机制，共同打造公正团结的班集体。

（2）监督我来察。

当然，这套机制的良好运转也离不开监督。最开始，学生们商议使用

"两两监督"的方式，即两个项目部之间互相监督审议。后来，在我的引导下，大家越来越认识到正向评价的积极意义，纷纷利用钉钉群班级圈平台，"检举"同学身上的美丽行为，如主动帮助有困难的同学做值日，为同学辅导难题等，一连串的点赞行为营造了班级的向善风尚，使得监督机制在"阳光"下变得格外灿烂。

3. "事务我调解"

班级的人际关系是影响班级文化关系的重要因素，而建立相互理解、尊重的人际关系可以更好地培育自律的生命品质。

（1）冲突我来调。

班级设有"突发公共事件调解"项目部。平日里，他们自发学习《金牌调解》《调解现场》节目中的沟通技巧；当班级出现同伴矛盾、师生冲突等公共事件时，该项目部马上成立调解小组，派督查组调查缘由，并成立仲裁委员会，组建"模拟法庭"，共同探讨解决方案。让学生的心理冲突回到学生中间去化解，既可以减少沟通的障碍，又能培养学生的公共空间意识和公民素养，使学生自发地维护好班级的和谐生态。

（2）心事我来解。

在学校成立"心海扬帆"辅导站的启发下，我班也专门成立"心灵捕手"项目部，并启用了"心灵驿站"信箱。"心灵捕手"项目部旨在用过来人的经验或同理心的立场帮扶同学缓解心理不适，以手写回信的形式打开同学的心结，提供化解的办法，同时遵守不公开、不谈论的原则，我也会适当引导班级舆论。大家在互助中彼此尊重、相互理解，在关怀他人中实现个体价值，成了班级一道亮丽的风景线。当学生懂得理解他人时，班级各项工作也得以更好地运行。

（二）自赏项目群——奋翅高飞，自赏个性

在班级管理中，只要我们给学生搭建平台，就可以生发出无限可能。自赏项目群旨在为有个性特长的学生提供施展才华的舞台，让他们在合作探究学习中提升综合能力，并帮助存在短板的学生收获自我超越的信心，

提高自我价值，助力百花齐放、博采众长的班集体的形成。

1."讲座我来设"

在班集体中，我们总会发现有些学生虽然学业成绩不够理想，但在一些方面有自我沉浸的兴趣；有些学生有独树一帜的特长，却因课时有限而没有发挥的空间。于是，班级开发了两个系列讲座项目，让学生充分扬长生长。

（1）"飞翼"公开课。

每周五，我们都会举办"飞翼"公开课。从历史人文到经史哲学，从信息科技到智能发明，从青春小说到网络游戏，任何学生都可以就自己格外感兴趣的方面、有独特研究的领域上一堂微课。不少平日里不太爱说话、因学业变得不自信的学生都在公开课上变成了另一个人，侃侃而谈。该项目既让授课者打开了重新审视自己的大门，收获了自信和价值感，也让听课者获得了有温度的知识。

（2）"百家讲坛"。

为促进学生深入思考文学经典，每月一期的"百家讲坛"应运而生。"宋江何以坐上梁山第一把交椅""魏晋风度在当今的现实意义""为何说《儒林外史》中的杜少卿是吴敬梓的'自画像'"……学生们在不同话题间洞察社会背景，解读人物心性，有的为精辟观点叫好，也有的为不同观点相互叫板。这一项目既培养了学生辩证思考、多元解读的思维方式，又让学生更好地理解了何谓古为今用、志同道合。

2."两会我来开"

班会和家长会是班级、家校层面的两个最重要的德育阵地，也是学生进行个性展示的大型平台。于是，我充分发挥"两会"的影响力，将其作为学生项目成果展示的舞台。

（1）"漂流"班会。

为了让学生们有更多展示的机会，我们班每个项目部每学期会轮流负责开展一次主题班会。班会的选题、组织、设计、主持均由项目部内部分工协作，我则负责提供指导、完善流程、总结发言。"漂流"系列班会如下：

类型	班会主题
习惯养成型	让自律成为一种习惯
心理辅导型	给心灵种上庄稼——强大自我
主题教育型	以青春之我贡献伟大时代
社交指导型	生命因合作而精彩
亲子教育型	请放开你的手，抓住我的心
主题教育型	中国红——总有一种力量伴我前行
集体建设型	感动班级十大人物颁奖典礼
心理辅导型	止损与抗挫能力的养成
生涯规划型	我为何读书——建构可持续发展的读书观

学生们在不同类型的主题班会中融入了丰富多彩的活动形式，如 TED 演讲、辩论赛、圆桌会、焦点访谈，甚至邀请家长走上讲台。学生们经过班会洗礼，思想和行为均发生了明显变化，不少学生更加坚定了理想信念，认为应将个人梦想与祖国发展紧密联系在一起。

（2）家长会"少年说"。

每次家长会，我都会设置"少年说"栏目，推选在近阶段项目化赋能中表现优秀的学生或取得进步的学生在家长会上进行项目成果展示，如"当好红色根脉传承人"展厅设计项目、"我的家乡在'浙'里"主题演讲项目等。这一依托家长会的设计，既能让家长看到学生各方面的进步与成长，融洽亲子关系，也能让学生把视角转向家乡和社会，努力做祖国未来的建设者和接班人。

3."班团我来组"

我们班还有个性化的"班团"项目，有相同特长、爱好的学生可以合作交流，自行邀请老师、家长指导，借助每天活动课、周五社团课、周末外出实践来组织活动，并在每月一次的班级"社团日"中集中展示成果。"班团"项目活动列表如下：

项目类别	项目设置	项目内容
劳动·勤动	手工组	培训手工技能，借助节日为家人、同学制作礼物。
	烹饪组	学习烹饪技术，为家人设计食谱并烹饪美食。
	农活组	利用家庭阳台、教室窗台等空间，进行种植、养殖。
科技·智动	编程组	合作设计趣味编程软件，协助班级奖励、考评。
	航模组	学习制作各种模型，举办展览。
	微课组	录制微课，推介课外知识与技能。
健美·律动	棋艺组	切磋棋艺，培养注意力、规则意识和敢于挑战的品质。
	田径组	组团进行耐力训练，培养意志品质。
	球艺组	了解竞技规则，组建球队，体验球艺魅力。
艺术·韵动	摄影组	学习拍摄技巧，增加审美情趣。
	绘画组	创作国画、油画，培养想象力和创造力。
	器乐组	学习各种乐器，感受音乐的缤纷和活力。

"班团"项目不仅丰富了学生的课余生活，还激发了他们的自信和活力，让他们在创造与超越中磨砺了意志品质，促进了班集体的融合共生。

（三）自主项目群——翱翔苍穹，自主规划

班主任要引导学生将人生理想与祖国发展结合起来，在建设社会主义现代化强国的火热实践中绽放绚丽之花。我们班的自主项目群下设有研究性、实践性等项目活动，以推动学生综合能力的发展，并与升学、职业选择相结合，帮助学生规划发展方向，成长为具有社会责任感和时代担当精神的"飞翼"少年。

1. "智库我担当"

党的二十大报告提出："我们要坚持教育优先发展、科技自立自强、人才引领驱动"。我也深以为然，未来急需更多在知识和技术两方面具有创新水平的高级人才。在该项目下，我特别注重学生主动探究和终身学习能力

的培养。

（1）成长档案。

为了帮助学生更好地成长，班级组织一批学生成立了"学者智库"项目部。该部门主要协助老师为班级每位学生建立"成长档案"，通过对个体学生每个学期学习表现的综合分析，诊断该学生的薄弱学科与突出优势，与科任老师一起制定学习策略，找到学生的生长点和拐点。后来，这份成长档案也成为学生的一笔宝贵财富，为他们适应高中生活打下了良好的基础；而"学者智库"成员也更加深谙学习之道，在远大目标指引下不断实现自我超越。

（2）师徒结对。

班级每学期都会开展"师徒结对"项目。"师父"和"徒弟"定期开展谈话，可以开诚布公地直面学习问题，可以共同商量适合自己的解决方法；"师徒"组建学习共同体，从兴趣培养到学习品质，从价值追求到理想规划，实现融合共生。师徒结对既发挥了榜样育人、典型示范的作用，又培养了研究型学生，为其职业选择和终身发展打下了良好基础。

2."管理我优化"

各行各业都离不开制定策略、协调关系、把控方向的管理型人才，而学生的管理能力可以在各项活动中孕育与优化。

每次参加学校团队活动、春秋游研学、节日纪念日、志愿服务等大型德育活动，我们都通过"招标"竞选产生项目负责部门。项目负责部门经过客观、理性评估，确定如何组织开展活动，做好明确分工。往年负责组织该活动的部门会被聘为顾问组，为项目负责部门出谋划策。活动结束后，我们还会进行对比评价，并利用班级日志及时记录，促进对活动的反思优化与经验总结。这一项目激发了学生奋勇争先的信念感和成就感，为其将来职业选择和终身发展奠基。

3."服务我体验"

职业体验可以丰富学习资源，拓展发展空间，也可以使学生在体验中发现自己的兴趣和特长，让自己在未来的职业选择与事业发展中有一定的定位和选择。因此，班级开发了"服务我体验"项目。

（1）家校课堂。

初中阶段，不少学生对职业的认识是肤浅的、物质化的，也有学生只看到家长提供的优渥生活条件，而没能体会他们背后的艰辛与阅历积淀。因而，班级开发了"家校课堂"项目，将警察、教师、店主、出纳等家长职业纳入职业体验库，让学生自由选择，进行职业体验，并撰写体验日志等。这一项目让学生在体验中更好地理解父母，也引导学生逐步树立职业理想和人生梦想，坚定未来之路。

（2）公共事业。

班级结合学校社会实践活动，连同社区、协会等组建"公共事业"项目，引导学生积极参与社区垃圾分类宣传、街道治安维护、公园环卫清洁、志愿导航指路等服务，体验各行各业劳动者的艰辛与不易，同时填写职业胜任指数表，评估自己的优势与不足，引导学生珍惜幸福生活，更加坚定奉献社会的理想信念，以一种自信的姿态迎接人生路上的每一个挑战。

五、特色与成效

立足班情，提升品质教育；项目赋能，优化带班管理；着眼未来，厚植人生积淀。三年里，我们班学生基本养成了良好的学习、行为习惯，形成了积极上进的班风班貌。学生积极参与各项班级自主管理、建设，充分展现自身特长与个性，在各项区、校级活动竞赛中大放异彩，同时在集体中不断克服自身障碍，实现成长蜕变，逐步树立职业理想和人生梦想，成长为自律、自赏、自主的"飞翼"少年。我深信，这些生命品质一定会助力他们向上生长，成长为社会发展、民族复兴的脊梁。

第五辑

活动育人

建和美班级，促共生成长

——四季逗班建设方略

■ 上海市闵行区莘庄镇小学　冯志兰

◆--------　班主任简历　--------◆

冯志兰，上海市闵行区莘庄镇小学教师，正高级教师，上海市特级教师，全国优秀教师，全国中小学优秀德育课教师，上海市十佳班主任，上海市模范教师，荣获上海市园丁奖。出版教育专著《不一样的班会》。2021年，被上海市推荐参加全国中小学班主任基本功展示交流活动。

◆--------　班主任宣讲　--------◆

一、育人理念

我始终从小学生身心发展特点出发，以中国学生发展核心素养为指导，以"和而不同，美美与共"的育人理念引领自己的建班育人过程，即：班级生活要基于对学生独特个体的尊重，引导学生和谐相处，形成温馨民主、具有凝聚力的"和美班集体"，并助力每一个学生实现个性化发展。

二、班情分析

班级学生于 2016 年 9 月入校，共 32 人，其中男生 17 人，女生 15

人，总体给人感觉充满活力，兴趣特长广泛。通过对学生的观察，发现不少学生只会和熟悉的老师打招呼；四分之一的学生适应不良；三分之二的学生在同学相处中以自我为中心，缺乏换位思考；绝大多数学生愿意完成老师布置的任务，但方式方法存在问题等。基于以上几点，后续班级建设中需关注学生在规则意识、个性发展、领导力、人际沟通等方面的发展需求。

三、班级目标

基于班情分析，对照中国学生发展核心素养中培养"自尊自律""宽和待人""有感恩之心""具有团队意识和互助精神""对自我和他人负责"等要求，在"和而不同，美美与共"的育人理念下，通过"班级公共生活平台"和"班级会议"等班级建设举措，协同家长助力，让班级成为"和而不同，共生成长"的和美班集体，让学生在和谐、民主、友善的班级生态中，成长为"懂礼仪，能合作，明责任，善创新，乐奉献"的现代小公民。结合每个年级学生特点，进一步将发展总目标细化，制定了每个年级着重关注的分目标。

年级	班级发展阶段	学生发展目标	目标设定分析
一年级	和美班级奠基期	懂礼仪	学生初入校园，着重关注规范化的行规教育。
二年级	和美班级赋能期	能合作	学生初步具备班级意识，着重关注培养团结合作。
三年级	和美班级发展期	明责任	学生处于成长关键期，着重关注责任担当意识。
四年级	和美班级深耕期	善创新	着重关注学生想象力和创造力。
五年级	和美班级飞跃期	乐奉献	学生在保持良好品行的同时，学会感恩，做好校园志愿服务。

四、实践做法

班级公共生活是班级的集体生活，是班级师生共同学习、共同活动、共同生活的全过程。课程建班、文化润班、活动强班、实践励班、民主治班和协同助班是班集体建设的六大路径，实践中，我将这"六育人"路径与班级公共平台建设相融合，以平台建设为逻辑架构，架构育人策略，在建设"和而不同，共生成长"的和美班集体目标引领下，结合中国学生发展核心素养要求，根据班级公共生活的需要，我设计了班级公共生活五大平台，同时以班级公共生活会议机制（简称"班级会议"）串联平台运作，从而构建和谐、民主、友善的班级公共生活，同时促进学生在其中学习、锻炼公共生活能力，让学生懂礼仪、能合作、明责任、善创新、乐奉献，获得综合能力的发展。

（一）育人策略：班级公共生活五大平台

我设计了班级公共生活五大平台：话语平台、岗位平台、制度平台、活动平台和"网络"平台。

1. 话语平台——和美班级之"魂"

话语平台对和美班级的建设起到"凝聚和谐生态，加强舆论引导"的作用，是和美班级建设的灵魂。它是师生间、生生间交流和沟通的媒介，可交流思想、沟通意见，也可对班集体的建设、班级活动等提出评议和建议，能充分发挥学生在班级管理中的自主作用，增进彼此信任，使师生关系、生生关系更加和谐，也是形成正确的集体舆论导向的正能量平台。

话语平台主要包括"班主任寄语""心情语报信箱""循环日记"等几个载体："班主任寄语"是每学期开学初班主任向学生传递的教师心语，旨在拉近师生关系；"心情语报信箱"在低年级建班初期使用，它搭建起了师生沟通的新渠道，让内向的学生敢于表达，让沟通的形式更为多元；中年级开始的"循环日记"一方面增进生生间的沟通，增强班级凝聚力，另一方面加强了班级舆论引导，让班级氛围更加和谐。

2. 岗位平台——和美班级之"基"

岗位平台对和美班级的建设起到"加强自主管理，培养公共责任"的作用，是和美班级建设的基础。它是班级全体学生参与班级日常生活管理、培养公共责任意识、促进实践能力发展的平台。岗位平台的最大特色是"按需设岗，人人参与"。"需"一方面是班级管理需求，以此提升班风，增强班级凝聚力；另一方面是学生发展需求，旨在培养学生对班级的责任意识和对自我价值的肯定。

在班级公共生活中，低年级有以服务型为指向的"人人小岗位"；中年级有以管理型为指向的"值周班长岗位"；高年级有以实践型为指向的"班级报社岗位"。这些班级岗位均由学生自主竞选、班主任组织投票产生。

3. 制度平台——和美班级之"本"

制度平台对和美班级的建设起到"规范班级生活，形成班级文化"的作用，是和美班级建设的根本。它旨在规范学生行为、调整相互关系，为形成有序和谐的班级生活环境提供保证，并为学生品德发展提供价值导向。

根据制度内容侧重点的不同，班级制度主要分为以下几类：一是班委事务制度，主要包括班委职责及考评、班干部发展、班委轮值、班委改选等方面；二是班级公共生活事务制度，主要包括卫生制度、作息规定、安全管理制度等方面；三是班级学习制度，主要包括自习纪律管理、作业要求规范、课堂纪律管理、考试纪律管理等方面；四是班级文化建设制度，主要包括班名、班徽、班级口号产生制度，班级公约产生及完善更新制度等。一系列不断完善的制度催生出和美班级的制度文化，为规范、有序、和谐的班级公共生活保驾护航。

在制度平台的建设过程中，遵循人人参与、共同协商的原则，有效增强了学生的规则意识、自律意识和集体归属感；让学生懂得在行动上约束自己，逐步学会自律，进而明白班级制度文化建设的真正内涵。

4. 活动平台——和美班级之"力"

活动平台对和美班级的建设起到"丰富多元体验，增进合作互助"的作用，是和美班级活力和凝聚力的体现。它是学生充分发挥主体作用，学习"自主管理"，通过自己策划、自主组织活动，获得多元体验，增强班级活力和学生活动能力的平台，也是让学生增进合作、凝心聚力、共建团结向上的班集体的平台。

五年中，我们运用活动平台，开展了一系列仪式教育、劳动实践、学校特色课程、社团等方面的活动，以及节日纪念日活动、校园节活动、班团队活动、研学旅行活动、志愿服务活动等。

活动过程中，我们关注序列化的设计和实施，让活动的目标、内容呈现差异性与递进性，对学生的活动要求呈现螺旋式上升的状态，达到了持续推进学生"最近发展区"的效应。

5."网络"平台——和美班级之"桥"

"网络"平台对和美班级的建设起到"促进家校合作，提升班级品牌"的作用，是和美班级与家庭、社会沟通的桥梁。它是借助于互联网信息技术，联合家委会，对班级公共生活进行管理、梳理、发布的平台，也是一种家校间沟通的信息化平台。

在"网络"平台建设过程中，我们关注家长的参与度，增强了家长对班级的了解和认同感。同时，在家班共建中，班集体的凝聚力以及和谐度也逐步增强。在班级组建初期，结合区域学籍管理平台，我们建设了学生电子成长档案袋；还招募家长志愿者组成班级家委会，筹建班级微信公众号，发布班级公共生活新闻，以加强班级与外界联络，扩大班级影响力，打造班级品牌。中期，我们通过"网络"平台及时进行家校交流、沟通，交流育儿心得和科学教养方法，推进学校、家庭、社会三位一体，形成了教育合力。

依托五大平台，班级实现常规管理"民主化"，自主参与"制度化"，和美生活"常态化"，学生成长"个性化"。

（二）育人特色：班级议事机制建设

和美班级公共生活五大平台的有序运行离不开我们的一项特色举措：

班级会议。作为五大平台的设计者和管理者，全班学生和班主任通过班级会议，促成各大平台功能的落地。班级会议把五大平台都置于其领导和管理之下，形成班级公共生活的统一机制，而不是各平台相互割裂。

班级会议不只是开一次会，而是仿照少代会乃至人民代表大会模式，是一种民主治理班级的机制。五大平台的重大事务，如设置哪些话语平台、服务岗位、规章制度、活动项目等，都要通过全班学生和班主任共同参与的班级会议讨论、作出决议，然后按决议贯彻执行。归纳起来，班级会议讨论的内容范畴大致有以下几项：制定或修改班级章程及各项规章制定、公约等；制定或修改班级的各类象征物（如班徽、班歌、班级口号等）；选举班干部，组成班级委员会；设定班级的各服务岗位、工作平台及其职责；制定班级建设与发展计划，策划重大的班级活动；监督和评议各项规章制度及班集体建设发展计划执行情况；监督和评议班干部的工作；对外代表班级发表评论、宣言，提出建议、倡议等；讨论决定其他应由班级会议解决的事宜⋯⋯

班级会议作为班级的议事机构、决策机构和权力机构，是严肃、慎重的，有一套规范的议事和决策程序。

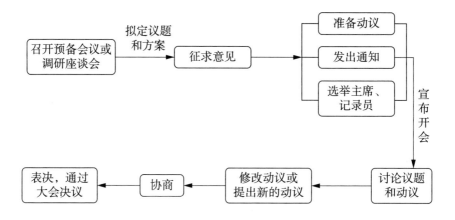

对于贯彻落实班级会议决议，我们也形成了一套规范的流程。为了让全班同学都能参与班级决议的贯彻和对班务工作的监督，分别设立了执行平台和监督平台。在执行平台方面，主要由常务机构班委会负责，同时又设立各个服务小岗位，让每个学生都担任一个岗位的职责，让全班同学投入决议的执行；在监督平台方面，主要是设立干部评议机制和班级舆论机制，监督的对象是班委会及各小岗位是否按决议的要求工作。干部评议机制就是班委会每个成员都要向全班同学汇报工作，接受全体学生的评议。舆论监督则是通过开设"心情语报信箱"或班级网站等话语平台，让大家随时发表感言、意见和建议。我及时掌握舆论的动向并注意正确引导，使班级形成正向的集体舆论，好人好事有人夸，错误言行有人批，推动班级形成团结向上的好风尚。同时，在监督过程中也能检验决议是否正确，是否需要完善。通过执行和监督，把进展情况作为下一次班级会议的议题，再产生新的决议，形成"会上—会后—会上……"的循环往复，不断推进和美班级建设的有序发展和学生各方面能力的提升。

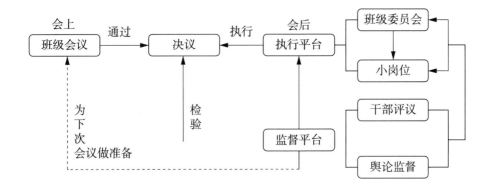

五、特色与成效

（一）四季逗班成为了师生的精神家园

整整五年的实践，在和美班级建设的过程中，师生共同探索出了班级公共生活五大平台和班级会议所构成的班级建设特色化创新机制，并使之不断完善，共促和美班级生态，实现共生成长，最终形成了一个"和而不同，美美与共"的和美班集体，即：和谐生态，自主管理，个性发展。这样的班级是师生的精神家园，让学生充满了归属感、自豪感。

（二）四季逗班学生综合素养得到提升

构建班级共同生活平台的过程中，学生的自主自立意识和能力得到了培养。学生通过班级会议机制，主动参与班级各大平台的建设，逐步成长为"懂礼仪，能合作，明责任，善创新，乐奉献"的社会小公民。

劳动，"育"见美好

■ 天津市南开区永基小学　孟坤

◆--------　班主任简历　--------◆

孟坤，天津市南开区永基小学教师，所带班级被评为南开区中小学劳动教育先进班集体。撰写的教育文章发表于《德育报》，撰写的读书会教学设计入选《和名师相约小学语文读书会》。

◆--------　班主任宣讲　--------◆

一、育人理念

《说文解字》云："勤，劳也。""勤"与"劳"的意思是相通的，甚至可以说，"勤"的主体意义就是"劳"。勤于劳动、热爱劳动是根植中华儿女内心深处的文化基因。在新时代坚持以劳育人不仅彰显了中华优秀传统文化的时代气息，同时也促进了人的全面发展。

二、班情分析

六（2）班有48位可爱的小伙伴，他们相亲相爱，情如兄弟姐妹。六年的跋涉，六年的苦读，六年的探索，让学生告别了天真，走向了沉稳，脱去了稚气，获得了自信，从一个个懵懂的孩童成长为风华正茂的少年。

三、班级目标

劳动教育是学生成长的必要途径，具有树德、增智、强体、育美的综合育人价值。劳动教育与社会实践结合，与课程融合，与家长协同合作，实现以劳启智、以劳强体、以劳育美、以劳润心的班级育人目标。

四、实践做法

党的十八大以来，习近平总书记高度重视劳动教育在立德树人中的重要作用，强调"要在学生中弘扬劳动精神，教育引导学生崇尚劳动、尊重劳动，懂得劳动最光荣、劳动最崇高、劳动最伟大、劳动最美丽的道理，长大后能够辛勤劳动、诚实劳动、创造性劳动"。

在班集体建设中，我们向学生提出班级口号：自己的事情自己做，家里的事情一起做，学校的事情积极做，社会的事情参与做。努力创建"劳动教育＋自我服务＋社会实践＋家校协同"的综合育人模式，从生活中来，到创造中去，在开发与实施过程中实现劳动育人。

（一）劳动与教室相遇

劳动不只是体力的付出，更有助于内在价值观的生成和理性思维的提升。美好品德的培育、智力潜能的激发、健康体魄的锻造、审美水平的提升，往往都与特定的劳动场景密切相关。我努力打造班级"理"课程，以教室为主阵地，围绕班级一日生活确定具体劳动内容，满足自己班级生活需要，营造良好的班级生活环境，让学生在班级生活中学会整理，因为收拾整理的好习惯可以增强孩子的责任感。

1. 理好自己

一年之计在于春，一日之计在于晨。伴着清晨的第一缕阳光，我们用劳动的方式开启新的一天。利用一次次的晨会时间，我耐心地与学生分享

"七个理"：理好自己的仪表，理好自己的课桌，理好自己的书包，理好自己的课本，理好自己的铅笔盒，理好自己的作业袋，理好自己的饭兜。每周确定一个主题，分享方法，指导学生练习，开展班级劳动小竞赛，推广学生有创意的做法，逐步培育学生的自理习惯。

2. 理好教室

温馨的教室、沙沙的翻书声，有家的感觉。在这个家里，班主任一个人的力量是有限的，选拔班干部协助班主任管理班级至关重要。我在班级中发布了班委招募令，大家自愿申报，民主评议，征询意见，确定候选人，召开聘任大会——宣布名单，颁发聘书，佩戴标志。

走进我们的家，人人都有劳动小岗位，人人都是班级建设的小管家。我们建立了每日劳动岗位，包括地面小管家、黑板美容师、作业分发员、红领巾督导员、垃圾管理员、桌椅小卫士等。同学们自主报名，轮流上岗，各司其职。劳动教育在班级的每个角落生根、发芽，学生在劳动教育的滋养下，憧憬着无限的未来。

（二）劳动与家庭相遇

劳动教育从家庭生活着手，包含大量日常生活劳动的内容，对培养学生的生活自理能力、养成良好的劳动习惯和品质、树立家庭责任感起着至关重要的作用，也成为家庭教育的重要组成部分，赋予家庭教育新使命。

1. 提升劳动技能

在家庭中，鼓励学生积极参与家庭中的体力劳动和脑力劳动。体力劳动包括理好碗筷、理好衣物、理好书架、理好房间。脑力劳动包括绘制家庭逃生图、营造节日的氛围、设计游学小方案、分享生活小妙招。"育"见劳动之美，培养学生养成良好的劳动习惯，掌握有用的劳动技能，积极参与劳动实践，服务家庭。

2. 培养生活情趣

教育，要回归生活。在劳动的过程中，我引领学生有情趣地生活，感受生活的多姿多彩。我鼓励学生在家中体验养小动物的乐趣，记录与小动物在一起的点点滴滴，一篇篇充满真情实感的日记跃然纸上。我们在班级群中开展了"晒晒我的拿手菜"活动，学生系上围裙，烹饪一道道美食，拍下美食照片，在劳动中感受亲情、传承家风。

在学生心中深植劳动的种子，让他们懂得物力维艰的道理，培育自立自强的精神，才能使其在思想、品格上获得长久的滋养。

（三）劳动与节气相遇

通过二十四节气，我们能够认知一年中时令、气候、物候等方面的变化规律，它蕴含了中华民族千百年来的智慧浓缩。二十四节气入选联合国教科文组织非物质文化遗产名录。

1. 在阅读中与节气相约

北京 2022 年冬奥会开幕那天，恰逢立春，也是一年二十四节气中的第一个节气。开幕式倒计时表演以《立春》为题，体现中国人对时间的理解。教室里，学生静静地观看短视频，内心无不受到震撼，他们感受到了"中国式浪漫"。

《这就是二十四节气》走进了我们的阅读课，学生了解了节气的历史渊源、精神内涵、文化习俗等。学生拿起画笔，绘制了二十四节气一览表。春夏秋冬，从春分、清明到芒种、夏至，再到秋分、寒露，乃至冬至、大寒，追逐节气的改变，欣赏城市美丽的景色。学生拿起相机，走向田野，走进公园……记录下不同节气里的不同风景，甚至把眼中的美景化为笔下的图画、一张张精美的手抄报、一句句古诗名句，真是相得益彰。

2. 在实践中与节气相长

让学生在节气中劳动成长，在劳动中感受传统文化的魅力。"清明前后，种瓜点豆"，此时，学生播下了一粒粒种子，静待发芽。他们每天用心观察，按时浇水，心中拥有无限的期盼。老舍先生在《养花》一文中说："有喜有忧，有笑有泪，有花有果，有香有色。既须劳动，又长见识，这就是养花的乐趣了。"学生在亲历劳动的过程中感受到了无限的快乐。

我们还召开了"盘中粒粒皆辛苦"主题班会，了解了一粒米的由来，绘制了"节约粮食"宣传画。我们一起折桃花，经过大家的巧手加工，粉色的、蓝色的、五彩的桃花出现在学生的手中，我们一起把春天留在了教室里，留在了课堂上。叶落而知秋，一幅幅美丽的树叶画，将秋叶之静美留在了我们的掌心。学生们还走向田野，挖红薯、摘苹果、摘南瓜……尽情体会收获的快乐、劳动的艰辛，徜徉在秋的世界里。让传统文化走进我们的课堂，让学生亲身体验节气文化的劳动魅力。

（四）劳动与社会相遇

劳动是成长的必修课，劳动教育是"一课"，更是"一育"，鼓励学生走向社会，参加社会劳动、公益劳动，才能让学生深刻感受到幸福生活源于无数人的默默付出与坚守……

1. 体验父母岗位

每到假期，我们鼓励学生"体验父母的岗位"，感受父母的辛劳。学生在寒暑假里选择一天，和父母一起上班，体验父母的工作内容，学习劳动技能。体验后，学生纷纷拿起笔，记录下自己的劳动过程和真切感受。学生深入进行职业体验，学习课堂上、书本里学不到的知识，为树立远大理想、将来选择社会职业起着积极的促进作用。

学生体验的岗位各不相同，有的和爸爸去了派出所，有的和妈妈去了校园，有的和妈妈去了邮局……岗位虽小，但责任重大，特别是在倡导核心素养的今天，我们通过"小岗位角色体验活动"的开展，找准了培养孩子责任心的有效途径，凸显出孩子们成长中的经历和体验的重要意义。

2. 参与公益活动

个人的成长离不开社会生活，学生主动参与到社会公益活动中，参加社区志愿服务小队，主动擦拭小区健身器材，捡拾地面垃圾，清扫楼道……维护社区环境。此外，学生积极参加爱心义卖活动，拿出自己心爱的玩具、文具、图书进行售卖，善款用于捐助有需要的人。有的学生还担任小小传统文化宣传员，讲解历史故事，传承和弘扬中华优秀传统文化。他们身体力行，为社区、社会作出了自己的贡献，播撒下爱的种子，增强了学生的责任感和公民意识，为劳动教育拓展了更广阔的空间。

五、特色与成效

劳动创造了人类，劳动创造了生活。它是一切美好事物的源泉，也是实现人生价值的源泉。"采采苤苢，薄言采之"，这是《诗经》中对于劳动者的吟唱；"晨兴理荒秽，带月荷锄归"，这是农民对于劳动的坚持；"童孙未解供耕织，也傍桑阴学种瓜"，这是孩童对于劳动的热爱……这些都是祖辈们在劳动中的所思所得。

"中华民族是勤于劳动、善于创造的民族。正是因为劳动创造，我们拥有了历史的辉煌；也正是因为劳动创造，我们拥有了今天的成就。"勤于劳动、热爱劳动是中华民族的优秀文化基因。作为一名班主任，我将劳动教育植根于中华优秀传统文化，承载以劳动立德树人理念，让学生在优质的劳动教育中感受快乐、提升素养、全面发展。

养正融新，立德树人

■ 山东省威海市实验高级中学　孙丽青

◆--------　**班主任简历**　--------◆

　　孙丽青，山东省威海市实验高级中学教师，威海市德育工作先进个人，威海市市直教科研工作先进个人。主题班会课《沟通的法宝之共情力》在威海市优质课评选中荣获一等奖。2021年，被山东省推荐参加全国中小学班主任基本功展示交流活动。

◆--------　**班主任宣讲**　--------◆

一、育人理念

　　班级的育人理念为：养正融新，立德树人。"正"，便是品正、行正、言正；"养正"，就是培养学生成为品正、行正、言正之人。"新"，是今日之我要新于昨日之我，明日之我要新于今日之我；"融新"，就是帮助学生树立开放、包容、创新的精神。"立德"，就是坚持德育为先，通过正面教育来引导人、感化人、激励人；"树人"，就是坚持以人为本，通过合适的教育来塑造人、改变人、发展人。"立德树人"的意思是培养有品德的人才。

二、班情分析

学生处于价值观形成的重要时期。部分学生叛逆心理严重，与老师、父母等常常发生冲突。独生子女居多，很难做到共情与包容，因此同学之间摩擦不断。此外，学校是寄宿制学校，很多学生初次离开家，对外面的世界了解很少，同时缺少生活技能，独立意识与自主管理能力不强，但他们成绩优秀，所以有一些傲骄情绪，不屑于表达自己的弱点，不乐于主动交往。

班级学生整体性格偏外向，活泼好动，班级气氛活跃。学生的组织能力较强，热爱运动，但对待事情的认真程度稍微差一些。

三、班级目标

高一：实现公共认知确立的班级目标——积极向上、充满活力的班集体。

高二：初步形成具有品正、行正、言正且具备开放、包容、创新精神的班集体。

高三：让每一个生命都熠熠发光，每一位学生都能成为品正、行正、言正且具备开放、包容、创新精神的新时代有志青年。

四、实践做法

（一）欲修其身，养正为先

1. 品正

"品正"是做人之根本，它的重要性不言而喻。为了让学生们能成为品正之人，我采取了参观受教、聆听学习和躬身实践三种方式。

（1）参观受教。

发挥学校特有优势，组织学生校内参观钱学森航天科技馆、甲午战争展厅、"两弹一星"元勋墙等，通过参观展馆、畅谈心得等方式，切实感受"品正"的含义，激发学生内在的成长驱动力。

（2）聆听学习。

鼓励学生积极参加学校组织的各类公益讲座。比如，学校邀请"两弹一星"功勋奖章获得者黄纬禄的女儿黄道群来校为学生们宣讲导弹研制背后的奋斗历程。学生通过聆听一场场震撼心灵的讲座，开阔了视野，增长了见识，在心底播撒下了"品正"的种子。

（3）躬身实践。

我诚邀家委会成员共同组织班级社会实践活动，让学生们走进社会，亲身体验如何做品正之人。比如，我们去养老院慰问老人，为他们做些力所能及的事情；到威海市特殊教育学校进行校际交流，感受生命的坚毅。.

2. 行正

"行正"是做人之准则。为了让学生们成为行正之人，我从正的制度和正的风气两方面展开班级工作。

（1）正的制度。

《孟子·离娄章句上》中说"不以规矩，不能成方圆"。规矩在班级管理中的体现便是班级制度。对于班级制度的生成，我通常是这样做的：

①确立班级目标。在开学之初，我们召开了"我的家，我做主"主题班会。班会上循序渐进地组织多样的团建活动，主要意图在于增强同学们的班级归属感和认同感。最后让他们写下对"大家庭"的期许并当场梳理大家的公共认知，形成特有的多元素、多维度的班级目标。2020 年，我们的班级目标便是"成为有家国担当的、诚实朴实的、勤奋向上的班集体"。

②全员制定班规。对于班规的确定，用学生"当家做主"的管理模式取代传统的"一言堂"和"世袭制"模式。多年来，我一直坚持让学生们自发地组成班级学生代表团，以校规为基础，自主探讨，制定班规。然后由班长宣布，全班同学举手表决，只要 80% 的学生表示赞同，班规基本形成。

③竞争促进发展。学生自主管理委员会肩负着班级的管理工作。值日班长负责班级事务，切实让学生体验"自管自家"的感觉。

班级管理，我通常采用信用积分制度，奖罚分明。对于综合表现优异的小组，我会进行颁奖。相反，表现不理想的小组也会有相应的督促措施，比如参加班级义务劳动等。

（2）正的风气。

正的风气，简言之便是班风正。良好班风的形成离不开班主任的正确引导，而班级主题活动是班主任促成班风形成的必不可少的抓手。我会经常组织各种各样的主题活动，以活动增感情，以活动增信任，以活动促团结，以活动促正气。

在冬天下第一场雪的时候，我会组织学生们出去赏雪，打雪仗；也会组织学生们集体扫雪，从中体会劳动的快乐。我还经常鼓励同学们积极参与校园采摘活动并在活动结束之后写下真挚的感受，分享他们的乐趣。

在班级目标和班规确定之后，利用集体智慧，创作符合我们班级特点的班旗、班歌、班徽以及班级口号等，进一步促进正的风气的形成。

3. 言正

"言正"是做人之导向。为了让学生们能成为言正之人，我主要从活动引领和文化熏陶两方面开展班级管理工作。

（1）活动引领。

班级活动在班级管理的过程中起到了桥梁和纽带的作用。桥梁的搭建、活动的组织需要班主任的深谋远虑和精心策划。每年，我都会举办多彩的班级活动。难忘2020年组织的远足活动，我们戴着印有"养正融新"的班帽，这一暖心的举动让每位学生都以自己是班级中的一员而深感自豪。利用班会，投票选出班级中最不文明的十条用语和最文明的十条用语。对于文明用语，我们张贴到班级宣传栏，作为学生们的正确导向。对于不文明用语，班级采取全员监督，相互批评指正，以树言正之风。

（2）文化熏陶。

任何人的成长与发展都离不开优秀文化的熏陶，古有"孟母三迁"，今有"择校而居"。苏霍姆林斯基说过，要使教室的每一面墙壁都具有教育的作用。对于学生而言，教室是他们待的时间最长的地方。因此，充分利用教室来进行文化熏陶是极富有教育意义的。

每学期开学之初，我都会组织同学们成立小组，利用休假时间，创建小组文化，并最终形成有班级特色的班级文化；同时，在教室墙壁上悬挂不同的名言警句或者文明用语（很多都是我鼓励班上的同学亲手书写的）。

图书馆是言正必不可少的助推器，每个月我都会组织学生们去图书馆看书，让他们接受知识的熏陶和洗礼。

（二）完善其身，融新为念

1. 开放

伟大的哲学家莱布尼兹曾说过："世界上没有两片完全相同的树叶，也没有性格完全相同的人。"不同个性的存在更是人类发展的正常现象。每位学生都来自不同的家庭，有着不同的生活习惯，有着不同的兴趣爱好。我们要学会接受每位学生的不同，正是每一个鲜活不同的个体才构建了我们没有短板的优秀集体。

（1）因人而异，尊重个性。

学校举办文艺汇演时那些能歌善舞和擅长表演的同学，辩论赛上思维敏捷、能言善辩者，运动场上那些健步如飞的矫健身影……无一不是我们班级和校园中美丽的风景。

（2）精彩演讲，展现自我。

英语和语文课前的两分钟，学生会进行演讲，这是我始终坚持、从未放弃过的一项活动。我会鼓励每一位同学积极参与，引导他们用开放的心态表现自我，表达自己的见解和感受。

（3）播放视频，广纳百川。

每周的"播报时间"里，我会给学生播放时事新闻或者有教育意义的影视片，帮助学生开拓思维，增长见闻，培养其开放的精神。

2. 包容

（1）共情沟通，理解至上。

班会是学校教育活动的重要组成部分，任何一个优秀班集体的成长都离不开班会。新时代学生的一个明显特征便是个性极强，他们往往很少顾及他人的感受，缺乏包容精神。为了培养学生的包容精神，我会利用每周一次的班会课，针对班上的不同情况适时开展不同的主题班会。比如："沟通的法宝之共情力""善待自己，宽容别人""宽容是一种美"等。每一次主题班会，学生们都能从中受到教育。

（2）寄情运动，感悟包容。

我举办了校园健步走活动，鼓励学生锻炼身体。我们学校非常大，有各式各样、寓意深远的主题道路。校园健步走时，除了保证安全外，我对学生们唯一的要求就是围着校园的"包容路"走，回顾思考一下自己在包容方面还有哪些做得不够的地方，同时展望之后的包容之路应该如何去走，逐步培养和成就学生的大我情怀。

（3）允许多元，但须辩证。

包容不等同于纵容，我们需要客观辩证地看待每个孩子的特点。高中阶段的学生正处于人生观、世界观、价值观形成的关键阶段。因此，引领学生树立正确的人生观、世界观、价值观则成为尊重个性发展的前提条件和底线保障。

受社会、家庭环境以及自我约束力等诸多因素的影响，很多学生在成长过程中都形成了偏离正确轨道的畸形人生观、世界观、价值观。因此，在班级管理中，我努力营造健康和谐、积极向上的班级氛围。

对于个别问题同学，我会在全面掌握基本情况后，因人而异地制定专属的辅导计划表，通过日常谈心与交流、突出与放大优点、表扬与鼓励进步等方式，对他们进行持之以恒的关心与关注，潜移默化之中，引导他们养成正确的人生观、世界观、价值观。

3. 创新

（1）自主管理，敢于担当。

班级成立之初，在班级内成立学生自主管理委员会，简称"学自委"。但自主管理中，我的要求是人人有岗，人人定岗。

班级内部的问题，"学自委"的主要负责人组织大家开会进行商讨，找出解决问题的办法。为了培养学生解决问题的能力，我更多情况下扮演着旁观者和监督者的角色。虽然在处理班级问题上，"学自委"起步阶段困难重重，但是给予学生机会，真正做到放手之后，我看到的是学生们不一样的成长与担当。

（2）参与比赛，勇于创新。

古希腊物理学家阿基米德曾说过："给我一个支点，我可以撬动整个地球。"因此，我们应该鼓励学生们积极参与活动，大胆创新。因为创新可能随时会成为他们撬动自我成功的那个支点。

学校每年都会组织学生们参加模协比赛。每当这个时候，我都会多方动员，鼓励同学们踊跃参加。班上有学生曾对农村老龄化和厕所革命等话题，发表了独到的见解，还有几位同学曾经获得过奖项。

五、特色与成效

在养正融新的过程中，"家校沟通，同频共振"是我的制胜法宝。学生的成长离不开家庭、学校、社会三个方面的合力，其中家庭和学校教育密不可分。苏霍姆林斯基说过："教育的效果取决于学校和家庭教育影响的一致性，如果没有这种一致性，学校的教学、教育就会像纸做的房子一样倒塌下来。"因此，无论学生出现任何问题，我都会紧握制胜法宝"家校沟通，同频共振"。

经过两年的培养，学生们取得了全方位的进步，我也得到了家长们的认可。"路漫漫其修远兮，吾将上下而求索。"班主任的工作虽繁琐却富有挑战性，每当我感到迷茫的时候，学生们脸上洋溢的笑容以及他们的进步便是我最大的动力。

建立班级坐标系，培育有"度"新青年

■ 北京市通州区第六中学　周子夏

◆--------- 班主任简历 ---------◆

周子夏，北京市通州区第六中学教师，在京津冀中小学班主任共同体第六届研讨交流会班主任基本功展示中荣获一等奖，在北京市第四届中小学班主任基本功培训与展示活动中荣获一等奖、最佳方略奖。2021 年，被北京市推荐参加全国中小学班主任基本功展示交流活动。

◆--------- 班主任宣讲 ---------◆

一、育人理念

我的育人理念是"耐心倾听学生心声，真心陪伴学生成长"，尊重、关爱每一名学生，为他们营造幸福的班级环境。作为一名数学教师，我带领学生一起构建班级"坐标系"，通过延伸班级的"长度"，培养学生良好的行为习惯与学习习惯；通过增加班级的"厚度"，组织丰富的班级活动，为学生搭建施展才华的舞台，增强学生底蕴；通过提升班级的"高度"，培养学生的优良品质、家国情怀，致力于让学生成为"眼里有光，手握墨笔，心系远方"的新时代青年。

二、班情分析

最初的班级如同一张空白的数学坐标纸，全班35人分别来自8所小学，学生就像一个个位置不一的散点：习惯不同，没有明确的目标方向；个性鲜明，兴趣广泛，但缺少舞台，才艺无处施展。

三、班级目标

如何让班级变得井然有序、立体丰满、绚丽多彩呢？作为一名数学教师，我带领学生逐步建立了班级"坐标系"，我们一起规划并描绘出三年的青春风景。

结合学生年龄特点和成长规律，我和他们一起延伸班级的"长度"、增加班级的"厚度"、建立班级的"高度"，致力于将学生培育成"眼里有光，手握墨笔，心系远方"的新时代青年。

四、实践做法

（一）延伸班级的"长度"——培养眼里有光的有为青年

良好的习惯会伴随学生一生，令他们受益终身。为了培养学生良好的行为习惯与学习习惯，我们开展了一系列班级活动。

1. 小组评比，养习惯

为了让学生规范自己的言行，我们从七年级开学便共同制定班规，实行小组常规评比。我每天通过观察与记录发现班级问题，及时组织学生召开班会。在班会上，各组组长带领组员讨论小组得分情况、存在问题以及如何解决，通过集体的力量帮助个别学生改进自身的不足。

2. 主题班会，正行为

为了让学生找到合适的解决问题的方法，我们对照常规评比项目，召开习惯养成系列班会。

类别	班会主题	班会内容
时间管理	早读前的 20 分钟	合理安排早读之前的时间。
	午自习的 1 小时	合理分配午休与午自习时间。
	时间的主人	合理安排自习课，制作时间计划表。
卫生	我的地盘我做主	明确班内值日分区与分工。
	午餐后的垃圾分类	了解实施垃圾分类的原因，学习垃圾分类。
文明	语言的魅力	感悟中华文字的魅力，做文明中学生。
	细节彰显文明	分享并表扬学生各种文明礼貌行为细节。
课堂	听与看，记与思	让课堂听讲更高效。
作业	赏一赏，评一评	欣赏各科优秀学生作业，学习优点，寻找不足。

为了让学生学会合理规划在家时间，我组织学生利用班会时间，分别制作周一至周四晚上的作息时间表以及周五晚至周日的作息时间表。同伴之间互相借鉴分享，改进自己的作息时间表。经过讨论，学生提出加入"监督人"一栏，邀请家长督促自己，提高学习效率。

3. 学科故事，助学习

步入八年级后，学生们的思想渐渐成熟，他们经常会提出"老师，我们为什么要学这个知识""老师，我们是为了考试学习吗"等疑惑。作为一名数学教师，我决定从数学故事入手，为他们答疑解惑。初中数学涉及很多有意思的历史故事，这些故事与教学内容密切相关。

于是，我开设了班会专栏——知识分享，每次用 20 分钟分享数学中有趣的历史故事。学生从中感受到了知识的魅力，激发了探索知识的好奇心，从中也悟出"我们为什么学这些知识"的缘由。

渐渐地，他们越来越感兴趣，纷纷加入"知识分享"的行列。最后，"知识分享"专栏从班主任"我"的分享变为了学生们"大家"的分享。部分知识分享主题如下：

分享人	数学知识分享	分享人	各学科知识分享
班主任	数学的符号史	学生	宪法的历史
	哥德巴赫猜想		微生物的发现者
	毕达哥拉斯学派与无理数		寒武纪地质与生物
	对称的世界		介词 on 的"搭档"
	刘徽割圆术		故宫的建筑美
	……		……

4. 班级标语，带气氛

为了鼓舞大家的士气，激励学生的学习斗志，我们召开班会，一起设计班级标语。通过两次班会，标语从拟定到实施得以完成。第一次班会，5个小组分组讨论，集思广益，每个小组拟定一条优秀标语。第二次班会，由各小组组长作为代表将本组拟定的标语写到黑板上并作解释说明，全班投票确定班级标语。

经全班投票，"无奋斗，不青春"以最高票被确定为班级标语。我还组织学习委员一起书写每日标语，激励学生努力奋斗，创造无悔的青春。

5. 师生交流，定目标

每次考试之后，学生们都会写总结，并制定下一次考试目标。为了助力学生达成目标，我每次都认真回复，提出建设性意见并把出现的问题以书面形式反馈给他们。这种方式学生更容易接受，看到我如此认真地回复，他们也更加认真地改正自己的问题。

良好的生活习惯和学习习惯会伴随学生的一生。通过养习惯、正行为、定目标、让学生自主学习，学生们逐渐成为"眼里有光"的人，他们的眼中充满希望，未来之路很长，他们的心中已有方向……

（二）增加班级的"厚度"——培养手握墨笔的有才青年

学生慢慢适应初中生活后，我在班内组织开展各类活动，为他们搭建施展才华的舞台，鼓励他们积极参加校内外活动，积累活动经验，培养创新思维与协调、组织、合作能力。

1. 兴趣特长，养气质

我通过制作陶艺和泥塑，培养学生的创新思维和动手能力；通过举办相声大会，发掘学生文艺特长，让他们在笑声中感受传统艺术的魅力；为有书法特长的学生提供展示平台，培养他们的高雅气质和静心凝气的良好习惯。我还鼓励学生积极加入学校合唱队，发挥音乐特长，积累演出经验……

2. 师生共舞，树信心

九年级运动会是一次重要的集体活动，为了给学生留下学习生活的美好回忆，我主动参与到运动会入场式策划与展示中。从女生头饰的挑选到背景音乐的选择，到入场式舞蹈的排练，再到诗朗诵的改编等，我和学生们一起准备、一起构思、一起排练……

运动会当天，我们班作为全校最后一个方阵压轴出场。我们以扇为剑，以墨为景，伴随着《沧海一声笑》的乐曲，当我和学生手执的扇子齐刷刷地打开，彰显出的高手风范、侠者之风，顿时惊艳全场，所有观众报以热烈的掌声。最终，我们班获得了"最佳入场式"的荣誉。学生们从中更加深刻地领悟到付出终将有所回报的道理。

（三）提升班级的"高度"——培养心系远方的有志青年

实践育人是思想政治教育体系的一个重要环节，是落实立德树人根本任务的重要抓手。我引领学生投身到社会实践中，因为社会实践是学生成长成才的重要途径。

1. 行在校园，大爱天下

为了激发学生的爱心，我们向学校申请开展爱心义卖活动。宣传委员为我们的摊位制作宣传海报，班长组织大家分门别类码好商品，推销商品，学生还邀请家长和老师共同参加义卖，并将售卖商品获得的款项捐赠给有需要的人，奉献爱心。

我们还号召学生一起为贫困地区的儿童捐书，并制作创意环保购物袋，倡议大家为公益和环保事业贡献一份力量。

2. 走出校园，放眼天下

初中阶段的学生思想渐渐成熟，他们应该更加具有思想的高度。每天"两点一线"的生活方式，让他们只着眼于自己的"小家"而心中缺乏"大家"和"国家"的概念。

于是，我们一起走进首都博物馆、国家博物馆、中国人民抗日战争纪念馆，到天安门广场观看升国旗仪式……让学生了解祖国传统文化和革命历史，感受祖国日新月异的发展，升华爱国情感。

3. 绘画英雄，话英雄

我们通过召开"时代英雄"系列主题班会，开展绘画、演讲比赛等，让学生了解英雄故事，接受爱国主义教育，摒弃"小我"，培养奉献精神，改变认知和行为，提高道德修养。

我们组织学生画出自己所见所遇的"英雄"。在班会上，我将学生的作品粘贴在黑板上，由全班学生依次进行投票，评出最佳英雄形象作品。通过讲述英雄模范故事，学生不仅锻炼了语言表达能力，更重要的是了解了英雄故事并受到爱国主义教育。

演讲结束后，大家共赏时代英雄，共话英雄精神，更加理解了习近平总书记所说的"一个有希望的民族不能没有英雄，一个有前途的国家不能没有先锋"，并深刻体会到，英雄们的事迹和精神是激励我们中华民族前行的强大力量，也是激励青年学子前行拼搏的强大精神力量。

五、特色与成效

经过三年的努力，我们的班集体硕果累累，学生在丰富多彩的班级活动中收获知识与力量；我也在毕业班工作中获得"优秀教师"与"优秀班主任"的荣誉称号。

三年时间，班级的"长度"在不断延伸，班级的"厚度"在不断增加，班级的"高度"在不断攀升。我希望接下来的一个又一个三年，继续提高自己的带班能力，把每一届学生都培养成"眼里有光，手握墨笔，心系远方"的新时代青年。

骁之于文，锐之于勇

——"五育融合"，全面育人

■ 河南省安阳市第五中学　韩扬

◆--------- 班主任简历 ---------◆

　　韩扬，河南省安阳市第五中学教师，安阳市优秀班主任，安阳市青年岗位能手。荣获安阳市优质课比赛一等奖，在河南省第六届中小学班主任基本功展示活动中荣获一等奖。

◆--------- 班主任宣讲 ---------◆

一、育人理念

　　学校紧扣立德树人的根本任务，以"崇德博文，精忠报国"为校训，确立了以"做有温度的教育，育有家国情怀的人"为核心内涵的办学思想，引导学生树立正确价值观。基于以上理念，结合本班班情，我将育人理念确立为：以文化涵养身心，以榜样重塑品行，以引导完善自我，以关爱共创和谐。

二、班情分析

　　班级共有 54 人，男生 30 人，女生 24 人，住校 26 人。父母高学历者占比近30%，对教育的重视程度高。班内拥有体育、文艺方面特长的学生较多。科任老师年龄阶段搭配合理，班主任有完整的带班经验。

这个班级的学生思维灵活，兴趣爱好广泛，父母重视教育，整体的教育环境良好，但是也有明显的问题，例如：班级活跃的背后，反映出了孩子们规则意识较弱；独生子女多，呈现出个人主义较为明显的趋势，不擅长合作。

三、班级目标

在"五育并举"的教育措施下，我想努力实现"'五育融合'，全面育人"的大目标，将学生初中三年的成长分年级进行了细化。

七年级：了解环境，遵守秩序，学会自理，有爱心，能助人，愿意分享。

八年级：安排时间，合作共赢，学会自治，有理想，勇竞争，不怕挫折。

九年级：统筹兼顾，脚踏实地，学会自主，肯付出，不自傲，懂得坚持。

四、实践做法

习近平总书记指出，要坚持守正创新，推动中华优秀传统文化同社会主义社会相适应，展示中华民族的独特精神标识，更好构筑中国精神、中国价值、中国力量。我的家乡——河南省安阳市，历史悠久，作为教育工作者，让孩子们了解身边的环境，激发他们的自豪感与使命感，更有利于增强他们的文化自信。因此，在我的带班理念中，传统文化的继承与弘扬是一条主线。

（一）班级文化由隐至显

班级文化是在学校文化的基础上形成的，首先要让学生了解学校文化。安阳市第五中学的前身是北宋三朝宰相韩琦衣锦还乡所办的昼锦堂，当时是全国的四大名园之一，距今已经有近千年的历史了。唐宋八大家之一的欧阳修还曾为此写下《相州昼锦堂记》。乾隆年间，昼锦堂改名为昼锦书院。1900年清政府下政令，全国书院改学堂，于是学校正式更名为昼锦学堂，成为当时省内最早的正规中学教育机构之一。光绪三十年（1904），学校更名为彰德府中学堂。后来战乱中几经变迁，直到1958年，学校正式更名为安阳市第五中学。

> 洹水安阳名不虚，三千年前是帝都。
> 一片甲骨惊天下，万里天河扬美名。
> 殷墟遗址商文化，妇好披英展威风。
> 曹操高陵东汉始，魏武遗风亮清明。
> 昼锦堂内瞻韩琦，岳飞故里仰英雄。
> 我校坐拥百年史，千年文脉自传承。
> 武有精忠报国志，文有崇德博文情。
> 修身笃行立宏愿，不负时代少年名。

1. 姓名里的温度

我用篆书写下每个孩子的姓名，张贴在班级外墙上，作为送给他们的见面礼，这是他们第一次看到自己姓名的篆书写法，心中很是惊喜。一个大大的"家"字，增强孩子们对于班级的认同感和归属感。后来，我们的文化墙的布置都是古色古风，成为了最美的风景墙。

2. 板报里的情怀

板报里的情怀随处可见，或画山水陶冶身心，或画漫画鼓舞斗志，偶有从课本中走出的人物肖像，让中国画走进生活，让传统美装饰环境。

3. 文化里的融合

"骁锐"的释义为：骁者为文，锐者为勇；骁勇善战，锐不可当。我们的班名、口号、班徽都是师生共同设计的，班徽主体是一只展翅飞翔的雄鹰，两边的大翅膀，象征着呵护与引领，金色主基调意为追光，上方展开的书本，象征着知识的汲取，寓意我们坚韧不拔、文武兼济、团结奋进、乐观向阳的态度。

4. 笔墨里的关切

我用书信表达着我的爱，我为班级写下 30 封信，有的写给学生，有的写给家长。我告诉家长，如何与孩子沟通和陪伴孩子成长。我告诉孩子们，如何规划时间，进行感恩教育、团队教育等。这些信汇聚成书，也是我留给每一届学生触手可及的爱。

（二）班级管理由繁入简

班级管理就是班主任按照一定的原则和具体要求，采取适当的方法，为建构良好的班集体而进行的综合性活动。简单地说，班级管理就是班主任对全班学生的思想、学习、劳动、生活等各项活动的管理。班级管理由繁入简，让班级管理更高效。

1. 束以绳——以制度规范

"不以规矩，不能成方圆"，建班之初，我结合班情，与孩子们共同制定班级公约，内容细致，融合一日常规的内容，从纪律、学习、卫生、仪容仪表等方面，具体地指导学生如何做。

班级下设核心管理组、学习部、纪检部、文体部、卫生部、生活部等六个基础部门，各部部长由学生通过个人申报、岗位试用、集体考核产生，其余学生可以自愿选择加入一个部门，人人有事做，事事有人做，增加班级管理的参与性。各部门在班级日志上对学生日常表现进行考核、评价、记录，结合登记情况，对表现好的同学予以表彰，同时外设监督组，使表彰公平可见。

2. 立以形——以环境熏陶

环境是将教育从无形转换为有形的媒介，我们充分利用环境的熏陶作用，积极地打造优质环境，从各方面促进教育，为学生的习惯养成创造一种独特的育人氛围。

（1）净——教室整洁卫生净。

卫生是最为显著的环境，要求卫生打扫的细节问题，也是在慢慢培养学生细心的好习惯，关注细节，才能稳扎稳打。值日生早早到位，并在课间轮流进行保洁监督。班主任也加入其中，每每假期返校前，我都会认真打扫并装扮教室，用崭新、干净的教室迎接学生返校。

（2）敬——勤学好问态度敬。

勤学好问的风气是一种隐形的影响，在日常教学中，鼓励学生敢于提问，向老师请教、向同学求教，逐步形成"不懂就问、不耻下问"的风气。对勤学好问的同学和小组进行表彰，促进了孩子们的积极上进。

（3）静——入班即学内心静。

学习就是调动内在的主动性，推动行为的有效性，入班即学习惯的养成需要时常监督和反馈，我在此项管理中借助榜样的力量，每周给能做到入班即学的孩子家长发喜报，家长予以肯定，形成家校配合的正向循环，从而促进学生更愿意入班即学。

（4）竞——敢想敢干勇竞争。

中学生的挫折教育常常是通过活动进行的，很多孩子面对挑战会选择退缩，我会创设班级特色的挑战活动，配合年级活动，鼓励学生敢想敢干，勇于挑战，并在此过程中进行挫折教育。我们在篮球赛、运动会、红歌赛等比赛中表现突出，也和孩子们不怕困难、积极迎接挑战的心态有关。

3. 解以诚——以诚心调解

班级由 54 个独立的、个性鲜明的学生组成，处理人际关系是学生面临的一个重要课题。

（1）变沟通方式。

在班级最显眼的位置，我设置了"悄悄话信箱"，便于和学生沟通。很多孩子不敢口头表达自己的情绪，但是情绪问题不解决，它可能会暂时隐藏，却不会消失。班级管理中，总有事务繁忙无法兼顾的情况，孩子们的"悄悄话"纸条，有时会诉说烦恼，有时会表达关心，加强了我们的情感沟通。

（2）组调解团队。

班级设有"调解团"，当班级出现同伴矛盾时，以"小组—调解团—班主任"的顺序进行干预，让冲突最简化，冲突常常在"调解团"的层面就得到不错的解决，我会在事后进行意见的反馈。大家在相处中相互理解，在帮助他人的同时，实现自我价值的提升，增进彼此的情感交流，共促班级和谐共生。

（三）班风凝聚由点及面

我以学校"一三五"德育模式为依托，结合 24 个德育主题，组织开展班级特色活动，让有意思的事情有意义，让有意义的事情有意思，在活动中凝聚人心。

1. 二十四节气为线，传统文化修身治性

班级的成长和个人的成长是双线并行的，我将二十四节气同班级活动相结合。立春是"四立"之一，反映着冬春季节的更替，春生夏长、秋收冬藏，立春标志着万物闭藏的冬季已过去，开始进入风和日暖、万物生长的春季。在立春节气，我们迎来"开学第一课"，学习静心操。清明兼具自然与人文两大内涵，既是自然节气点，也是传统节日。这一时节，生气旺盛，万物"吐故纳新"，大地呈现春和景明之象，正是郊外踏青春游与行清墓祭的好时节。我们开展了"风筝手绘"活动，色彩鲜明的风筝，也是孩子们放飞的希望。惊蛰时节，春气萌动，大自然有了新的活力。所谓"春雷惊百虫"，是指惊蛰时节，春雷始鸣，惊醒蛰伏于地下越冬的蛰虫。惊蛰节气的标志性特征是春雷乍动、万物生机盎然。我们设置了"无土栽培箱"，让学生亲手种植小萝卜、菠菜等作物，精心照顾并观察植物的生长。

2. 二十四主题为媒，主题活动守正创新

学校实施"一三五"德育模式：坚持"一切为了学生，以学生发展为本，为学生一生奠基"的教育理念，促进学生全面发展，努力实现"学生在校三年，着眼一生成长，为民族振兴祖国强盛奠基"的教育目标。把"良好习惯塑造人、特色活动激励人、学校文化陶冶人"三条德育主线贯穿于德育工作和教育活动的始终。以习惯养成教育为重点，通过"班集体建设、学科渗透、生活管理、社会实践、家庭教育"五大途径，激发学生主

体意识，发挥学生主体作用，用富有特色的德育活动和独具魅力的学校文化陶冶学生情操，提高学生的民主意识、法制意识，努力培养有较高人文素养、有健全人格和体魄强健的中学生。

学校以继承和发扬优秀的传统文化为主线，实施24德育主题活动，营造追求"滋养孕育温柔敦厚、至大至刚的人格，乐天知命、坦荡无忧的性情，忠恕存心、择善而行的品德"的良好教育氛围，努力培养学生仁爱、孝敬、明理、懂礼、诚实、守信、遵纪、爱国等德育品质。

3.德育主题为引，主题班会集思广益

为了让孩子们有更多锻炼的机会，我们的班会是集百家所长，有时我来讲，有时让学生自行策划，从班会的流程设计、学生发言稿到邀请嘉宾，都由学生构想并实施，提高了学生的自信心，也锻炼了学生的综合思维。

（四）志愿服务全员体验

1.社会实践

每个学期，我们会要求学生开展社会实践活动，全员参与，以小组为单位进行。孩子们走进养老院、博物馆、街头巷尾，去开拓眼界，帮助孤寡老人，宣传正能量，孩子们在实践中成长，增强体验感、价值感。

2.班级服务

孩子的发展是不均衡的，有很多学习习惯不好或是学习方法不对，导致成绩暂时落后。班级每学期都会开展"一对一帮扶"活动，两两结成帮扶伙伴，针对学习上出现的问题或者困难共同商讨解决办法，每个学生都有自己的帮扶伙伴，鼓励以跨小组、寻互补的方式进行伙伴的组建，既调动了学生的积极性和主动性，又促进了学生之间思维的碰撞。

除了学习上的帮扶，在班级其他活动中，学生按照小组依次参与班级志愿服务，已经成为传统，每个人都有为班级作贡献的心，班级更加和谐稳定。

五、特色与成效

经过三年的陪伴与引导，学生团结友善，全面发展，积极参与各项活动，个性充分释放，班级多领域齐头并进，多次被评为校优秀班集体，2022 年获评市优秀班集体。我与班级双向成就，个人也收益颇丰。

我相信优秀的班级没有"天然之物"，而是反复磨合的"人造精品"，而孩子们一定会像雄鹰一般，在自己的长空中展翅翱翔。

蓄厚积薄发之力，成葱茏竹林之势

■ 浙江省杭州市余杭区太炎中学　王永川

◆ ·········　**班主任简历**　········· ◆

　　王永川，浙江省杭州市余杭区太炎中学教师，余杭区教坛新秀，余杭区师德优秀教师。2022 年，在余杭区中小学班主任基本功大赛中荣获一等奖。

◆ ·········　**班主任宣讲**　········· ◆

一、育人理念

　　竹子的一生就像一本成功史：竹子用四年的时间仅仅长了 3 厘米，但从第五年开始却以每天 30 厘米的速度疯狂生长，仅用 6 周就长到了 15 米。前后生长周期的巨大转变是因为在前四年里，竹子都在深深地扎根，在不断积蓄迸发的力量。竹子的生长过程和人探索成功之路的过程是一样的。世间万象，事理相通。试想，没有笃定的目标，没有长时间的"根系"培养，哪来日后的"魔法"生长？学生的成长规律不也如此吗？没有"咬定青山不放松"的决心和信念，不打好长远发展的基础，哪来日后的大发展、大成长、大作为？

　　我希望以竹的"默默奋斗"的精神品质、"厚积薄发"的成长方式为引导，激发孩子原动力，让每一个孩子如竹那样扎根沃土、根上发力，积聚足够的成长力量，展示"破土凌云节节高"的精彩，从而为竹林葱茏一方天地赋能。

二、班情分析

班级共有学生 44 人，男生 23 人，女生 21 人。家长中学历本科及以上的有 15 人，大专学历的有 10 人，学历较低的有 5 人，其余为高中学历。通过问卷调查了解到，30 名学生表示与父母沟通存在问题，其中 8 人亲子矛盾较为严重。

班级 57% 的家庭结构为核心家庭（父母及子女组成），家庭整体素养较高。父母投身于社会的时间较长，与孩子的沟通时间相对较少，孩子常常处在父母的高期望值与在家中的价值被弱化的矛盾中，他们在家里只有自我为中心的学习生活，遇到困难比较难坚持。

班级 66% 的家庭为二孩及多孩家庭，孩子受到家长偏爱的影响加深了亲子关系认知偏差。部分大孩在学校里表现出过于敏感，潜意识里对不公平的事情容易情绪失控，对人对事缺乏包容，造成亲社会行为的缺失，更谈不上合作意识。这些情况具体表现为：

个体差异：行为习惯差，无规矩意识，无明确方向。

集体方面：学生组织管理能力弱，班级凝聚力不足。

身心特点：尊重与自我实现需求迫切。

三、班级目标

根据班级学生的特点，针对班级存在的问题，从班级管理理念出发，围绕"竹子定律"的三个阶段，即新芽萌发—根茎延展—节节攀升，以竹的精神品质为引领，有阶段、有目的地让每个孩子既有甘于清苦、长期扎根泥土汲取养分的坚守，也有厚积薄发、窜天而起的实力，更有顶天立地的进取力，将整个班集体打造成团结有力、韧性奋力、无私奉力的竹子。

第一阶段：挖掘班级扎根"深度"——蓄新芽萌发之力。

新芽的萌发离不开扎根泥土的规律，学生的成长离不开班级的土壤。正确认识自我与集体的关系，规范个人行为，形成懂规矩、守纪律、尽职责、勇作为的良好品格。

第二阶段：拓宽个人根茎"广度"——蓄根茎延展之力。

竹子的"魔法"生长，源于基础的深厚、稳固。根基不牢，地动山摇。竹子用长达四年的时间延展出长达几公里的根系，才有了日后的节节攀升。学生有长远的奋斗目标，有明确的成长方向，有较强的学习内驱力，成为笃志、奋进、自信的新时期美好少年。

第三阶段：多维提升生命"高度"——蓄节节攀升之力。

"魔法"生长节节高。根据需要层次理论，获得自我价值的实现是学生成长的高阶要求。拥有共同的核心价值，能发挥自己的特长为班集体的共同目标作出贡献，能走出校园，对社会的发展贡献自己的绵薄之力。形成善于合作、勇于担当、甘于奉献的良好品质，最终成为德才双馨、全面发展的有为少年。

四、实践做法

（一）挖掘班级扎根"深度"——蓄新芽萌发之力

竹子想要扎根土壤，需要了解其整体环境，遵循以土壤为支撑的自然生物圈原则，才能立足得以自由生长。因此，引导学生正确认识自我与集体的关系，规范个人行为是教育重点。通过建规矩、懂规矩、守规矩，逐步深入，将班规、校规转变为个人思维习惯，进而内化为自觉行为举止，最终形成具有凝聚力、向心力的班集体。

1. 小组讨论，建规矩

每个学生都是差异个体，但处在集体中，个体行为并非可以肆意奔腾的河流，权利是有边界的。懂得不同主体的妥协沟通，才能形成多元共存的利益格局。这样的"懂得"就从小组讨论班规与德育考核体系制定开始。

从开学初，学生们就"班规与德育考核体系制定"展开了积极的小组讨论。班会课上，围绕着"期待的班集体是什么样的"，讨论得出打造"安静、文明、团结"的班级是大家希望的。基于此方向，将"班级哪里有待改进"同班规和德育考核体系模板相结合，最后大家投票表决选出最适合的班规和班级德育考核体系。

规则制定后的关键在于整改落实。通过班级日志记载手册，紧密联系实际情况，及时组织学生"回头看"，找准问题来调整完善规则和体系。并利用每周一晨间谈话，总结反馈学生一周表现，引导学生自省自查，对执行中遇到的老问题、顽固问题，进行细致分析；对落实中形成的好经验，进行总结和推广。

2. 主题班会，正行为

开展"我的时间我做主""垃圾分类我先行"等习惯培养系列主题班会，规范学生的言行。例如时间主题班会，组织学生认识自己的时间，讨论如何高效利用时间。首先，通过"时间流水账"了解自己的时间都花在哪里了，并给自己的时间作分类，了解哪些是固定时间，哪些是被安排时间，哪些是整块时间，哪些是碎片时间。其次，教会孩子如何抓大放小：列出清单给事情排序，确定哪些是必须做的事情，哪些是想要做的事情。根据"四象限法"确定哪些是重要的事情，哪些是紧急的事情。确定好事件重要性后，再根据番茄时钟法来提高学习效率。

随后，又通过班会，筹备成立"班级努力银行"，学生每完成一个小目标就可以获得一项相应的奖励。这样让阶段成果清晰可见，学生学习主动性得到显著提升。

3. 双轨管理，聚人心

以班级共同价值为导向，所有班委定制上岗，即根据自身实力毛遂自荐，班级学生投票选举，以此提升学生参与管理的能力。例如：学生认为自身在体育方面有较高素养，并能较好地组织监督同学进行体育锻炼，该学生可自荐申请体育委员一职。经过定制上岗，不同优势的学生得以展现长处，推动具有凝聚力、向心力的班集体建设。

在此基础上，又设置值日班长轮值制，学生按照学号轮流值日。值班班长和班委相互监督、相互协作，使得人人有事做，事事有人做。

这三套组合拳经过一段时间的施行，学生不仅增强了规矩意识，提升了自主管理班级的能力，同时推动形成了严谨的班风，共同创造了和谐的学习环境。

（二）拓宽个人根茎"广度"——蓄根茎延展之力

竹子能抵霜降之折，能御寒风之损，延展根茎、潜心汲养是关键。在班级管理中，我注重引导学生确立奋斗目标，明确成长方向；树立优秀学习榜样，激发学习内驱力；发掘学生的闪光点，增强学生信心。以此来磨炼学生耐得寂寞、甘于清苦的毅力，提高其直面问题不回避、迎难而上敢担当的勇气。

1. 我的梦想，明方向

以竹之魄筑就青年之魂。举办"小梦成，大梦聚"之"中国梦·我的梦"系列主题班会，通过"话题圆桌会畅谈梦想""我的梦想宣言""梦想列车启航"等方式，引导学生规划心中梦想，做到自身发展与国家、社会、民主发展的有机统一，使自己的梦想与中国梦同频共振，铸就爱国担当青年之魂。

2. 我的榜样，汲力量

榜样的力量是无穷的，立德树人离不开榜样示范引领。学生身边鲜活的人物因与之日日相处，其言可闻，其行可见，其事迹相较书本中的榜样更具有直接的感染力和可效仿性。同学们在同周边榜样接触中对其产生崇拜欣赏之情，从而在不知不觉中内化榜样的精神品质及行为模式。因此，我们通过寻找"班内榜样星""四气学子""对话优秀学长学姐"等活动，强化优秀效应，让班级学生从榜样身上汲取破土的韧性。

3. 我的优点，树信心

在教育教学中，我充分发掘学生身上那些已经萌芽但还未成熟的闪光点，并根据学生的个性化差异，进行因材施教，用合适的方法最大化地激发其优点，从而让学生拥有自信、自立、自强的信念。

在日常教育教学活动中，采取激励教育，例如组织"为你点赞"打卡活动，要求每天打卡记录被赞美的同学和赞美话语，助力学生提升自信，推动同学之间和睦相处，营造良好的班级氛围。

在根茎延展阶段，学生变得积极坚韧和勇敢，满足了青少年的成长需求及尊重需要。

（三）多维提升生命"高度"——蓄节节攀升之力

"翠竹梢云自结丛，轻花嫩笋欲凌空"，竹子扎根四年的沉淀，都是为一朝凌空览群山。经过了两年的蓄力，班级环境更加有序，学生在行为规范、自主管理、内在动力和自信心方面也有了一定的储备。根据马斯洛的需要层次理论，获得自我价值的实现是学生成长的高阶要求。这就要求学生"以竹之奋进书写青年之担当"，鼓励他们发挥自身特长为班集体的共同目标作贡献；以服务社会为己任，践行学生责任义务。

1. 互助互爱，彰显班级价值

建立"老娘舅轮岗制"以调节生生矛盾。每位同学轮岗"老娘舅"，对班级同学之间存在的摩擦、纠纷进行协调处理，每月进行一次"新星老娘舅"评选。"老娘舅轮岗制"用学生易接受的形式，既调解了生生矛盾，又增强了学生的情商、语言表达能力、组织管理能力，有利于提高班级凝聚力，实现集体和睦。

2. 行在校园，彰显校园价值

在校园图书角，举办"图书漂流，传递环保"活动。同学们带来家中的旧书，并夹入手绘的书签，在书签上写上自己的阅读感悟，以"接力书签"的形式进行图书漂流。随后，我们还开展了图书漂流阅读沙龙，邀请参与漂流活动的同学分享自己的阅读感悟。漂流活动，既弘扬了绿色环保的理念，又让图书在传递中递增了知识价值，实现知识的传承和接棒。该活动极大地提升了同学们的校园担当意识，丰富了同学们的校园生活和精神世界。

3.走出校园，彰显社会价值

为进一步满足学生自我价值实现的需要，我组织学生走出校园，成为小小志愿者。同学们走进社区参与卫生打扫，走进商场参与垃圾分类宣传，走进敬老院为老人送温暖。小小志愿者，培养了同学勇于担当、甘于奉献的品质。

经过拔节阶段的奋力成长，小竹子们迎着春风，向大家展示自我的精彩。通过彰显个体对班级、学校和社会的价值，满足了他们自我实现高阶的需求，学生成为既有情怀信仰又有能力担当的中国少年。

五、特色与成效

通过"立'竹'特点，深度扎根；'竹'梦赋能，厚积薄发；'竹'壮成长，劲节向上"的阶段建设，同学们彼此关心，自我约束力不断增强，学习目标明确，从"要我学"变成"我要学"，成绩显著提升。同学们在集体中懂得了将每个人的优势结合起来，发挥团队的强大力量，共同应对挑战，造就了一个团结友爱、自律自强、包容和谐、互助和睦的班集体。

本班几乎每周都被评为校文明班级，学生在团体赛事和活动中也屡创佳绩。班级还被评为区优秀班集体。

我将继续扎根于这片我热爱的沃土，永葆初心，砥砺前行，精研业务，当好追光人，做好传光者，用心用情用爱培育祖国的花朵，让每一名学生在民族复兴的道路上绽放精彩。以竹之魄筑就青年之魂，以竹之奋进书写青年之担当。

第六辑

协同育人

优化生态因子，打造生态型班级

■ 北京市通州区漷县镇中心小学　潘艾迪

◆--------　班主任简历　--------◆

　　潘艾迪，北京市通州区漷县镇中心小学教师，北京市中小学"学生喜爱的班主任"，北京市中小学"紫禁杯"优秀班主任。所带班级被评为北京市先进班集体。在北京市第四届中小学班主任基本功培训与展示活动中荣获一等奖、最佳班会奖。

◆--------　班主任宣讲　--------◆

一、育人理念

　　美国著名教育学家劳伦斯·克雷明的教育生态学理论指出：生态视角下一个班级就是一个生态系统，其中包括教师、学生、环境、规则、课程等多个生态因子，这些生态因子之间互相对话、融合，共生发展，教育就达到了一种理想的平衡状态。生态强调协调、可持续发展，教育亦如此，我希望学生们能够不拘泥于眼前的世界，拥有可持续发展的能力，主动探索更广阔的世界。

二、班情分析

我校是一所位于京津冀交界处的农村学校，三年前，我接手了一个由24名男生、10名女生重组成的班级——三（2）班。一方面，他们怀念以前的集体和班主任，对新班级缺乏归属感；另一方面，他们有着三年级孩子的特点：思维活跃，活泼好动，乐于接受新鲜事物，学习力强，但又缺乏规则意识，常常因为一些交往中的琐事争吵、打架。

三、班级目标

在生态教育理念的引领下，我从优化班级生态因子入手，通过营造和谐民主的班级氛围，建立规范完善的班级制度，开展基于学生成长需求的班级课程和活动，打造"共生且富有个性"的生态型班级，焕发每个学生的生命活力，使他们都具备自主成长的能力，成就最好的自己。

四、实践做法

（一）优化关系因子——创设平等和谐的氛围

因为是重组班级，所以我从优化师生、生生关系因子入手，创设和谐共生的班级氛围，增强新集体的凝聚力。

1. 平等的师生关系

师生间融洽的情感关系，能使师生亲密合作，形成愉快的情绪气氛。重组班级背景下，对我这个新任班主任，学生想走近但又有陌生感。于是，我主动走近他们。

（1）神秘家访日——走进你的家。

孩子们对老师家访这件事，既欣喜又紧张。他们会兴奋地带我参观自已的卧室，翻看自己从小到大的照片，还会领我去自家菜园看看他们亲手种植的蔬菜……每次家访都会让师生关系变得更加亲密。

（2）小小日记本——读懂你的心。

我们班有写周记的传统，孩子们在周记本上记录着自己的心事、趣事、难忘事，还亲切地称我为"潘潘"，而我的留言是孩子们最期待的内容。班内有近四分之一离异家庭的孩子，他们不愿直面特殊的家庭问题，小小的周记本便成为我打开他们心结的金钥匙，让师生的心灵有了更多的交融和联结。

（3）课间10分钟——同享你快乐。

课间追跑打闹问题屡禁屡犯，孩子们坦言"不知道玩什么，追着跑挺好玩"。我决定同孩子们一起"玩"出新意。我带来橡皮筋、跳绳、毽子、沙包、五子棋等有益身心的玩具，年龄的优势让孩子们乐于和我一起玩。他们还带来九连环、孔明锁等新鲜玩具，邀我一起切磋，师生关系越"玩"越亲密。

2. 友爱的同伴关系

同学关系是班级生活最基本的关系形态，建立友爱的同学关系是凝聚重组班级的必要前提。

（1）爱心赞美墙——发现美好。

同学间互相指责时习惯抓住他人的缺点，我设计了爱心赞美墙，号召孩子们关注身边人的优点。谁给自己帮忙了？谁为班级做好事了？……孩子们将班级中闪光的事迹通过便利贴记录下来，张贴到赞美墙上。孩子们慢慢拥有了发现美的眼睛，懂得了欣赏和包容。

（2）共度生日会——增进情谊。

为增进学生之间的感情，在某位同学生日当天，我会向全班发出一起为他过生日的倡议，集体书写祝福语，利用大课间为其唱响生日歌。如果生日正值假期，我们也会通过微信文字、录制视频的形式为同学送上祝福。虽然孩子们送出的只是一封信、一句祝福……但其中却饱含着浓浓的同窗情谊。

（3）齐心争荣誉——找到归属。

如何让松散的重组班级凝心聚力？我联合同年级组老师策划年级拔河比赛，和孩子们一同商量战术，我班接连在多轮对战中胜出。我也牢牢抓住学校评比活动的契机，带领同学们发挥集体的智慧与力量，以班级为名，为荣誉而战。

平等的师生关系、友爱的同伴关系带给每个人积极向上的力量，也由此萌发了共生、共进、共成长的愿望。

（二）优化制度因子——营造勤学雅行的风气

生态型班级共生状态的延续，需要以制度建设作为保障。我本着民主的原则引导学生制定规范，完善评价，参与班级管理。师生民主协商将"勤学、雅行"作为班训，即做好学、会学、勤学之人，行优雅、文雅、高雅之事。我们围绕这两个目标进行了一系列的制度优化。

1. 民主协商制定规则

我让学生真正成为规则的制定者、执行者与监督者。我们根据班级现状，通过征集、协商、评议等方式出台了趣味班级公约，公约内容与时俱进，每月召开一次总结会，学生、班主任、科任老师共同评议公约实行的效果，不断完善修订。

班级公约

课前准备很重要，笔本书籍得放好。

铃声一响教室静，老师未到端坐等。

问好声音要响亮，抬头挺胸看前方。

想要发言先举手，得到允许再出声。

无关用品放书包，作业记全问明了。

字迹工整不马虎，抄写计算无错误。

定期总结得与失，提问老师常反思。

2. 多元评价培养习惯

生态型班级强调尊重学生差异，强调教育公平。我以多元化的评价体系作为渗透公平、促进共生发展的切入点。与学生、家长紧紧围绕"勤学、雅行"发展目标，共同制定多主体、多维度、多层次的评价标准。定期评选"勤学少年""雅行少年"，通过评价培养学生的良好习惯。

"勤学少年"评价表如下：

类别	评比细则	个人自评	同学评价	老师评价	家长评价	综合评分
作业	课前预习、课后复习。					
	按时、认真完成作业。					
课堂	积极思考、踊跃发言。					
	认真听讲、敢于质疑。					
拓展	坚持读书，有读书成果。					
	注重积累，乐于探索新知。					
习惯	书本文具整齐有序。					
	按每日计划表执行一日规划。					

"雅行少年"评价表如下：

类别	评比细则	个人自评	同学评价	老师评价	家长评价	综合评分
礼仪	穿校服、戴领巾、敬队礼。					
	会说"请""谢谢"等文明用语。					
行为	课间文明活动，不追跑打闹。					
	主动为有困难的同学提供帮助。					
节约	珍惜水资源，及时关紧水龙头。					
	随手关灯，节约用电。					

类别	评比细则	个人自评	同学评价	老师评价	家长评价	综合评分
守序	交作业、放学自觉排好队。					
	上下楼梯靠右行，礼让他人。					

3.代币机制激励争优

为激励学生更好地养成勤学、雅行的习惯，我采用了勤学、雅行代币奖励机制。协同家长、各科老师、班级小干部一同负责班级币的发放工作，增强孩子们在家校中的争优意识。学生根据班级币的数量到"潘老师杂货铺"兑换相应的奖励，"杂货铺"有学生需要的文具用品，也有时下流行的益智玩具，更有"点播一次班级电影""和老师共进午餐"等趣味性的内容，勤学、雅行风气逐渐形成。

4.巧设岗位实现自治

班级常规事务，我们采取岗位认领模式，班内不设固定的班委会成员，采用值周班委制，学生自主报名，宣讲竞选，民主投票产生。学生将其名字和管理宣言张贴于班务栏，如果同学们认为值周班委认真负责，可以随时在其名字后张贴小笑脸。班委任期最短一周，笑脸超过一定比例者可以再连任一周。

结合学校各项文体活动，我们适时成立不同的项目合作小分队，运动会前组建"运动会筹备小分队"，古诗文比赛前组建"诵读编导小分队"，六一儿童节、元旦等节日来临之际组建"联欢准备小分队"……孩子们根据自己的特长和感兴趣的项目自发组队，各尽其能，人人都有所发展。

（三）优化课程因子——培养自主成长的能力

孩子们在良好的班级氛围中和谐共生，"发展"则成为下一阶段追求的核心。生态视野下，自然、社会、家庭的资源都应是综合融通的，都是学生发展的资源。我基于学生不同阶段的成长需要，优化课程因子，充分利用各类资源，发挥家、校、社协同育人功能，培养他们自主成长的能力。

1. 围绕十德读本，开展价值引领课程

中华美德是祖先留下来的宝贵精神财富，我以中华美德教育为切入点，借助《十德树人：通州区小学中华美德教育读本》，以班队会的形式，引领正确价值观的形成。通过了解字源、字意，师生、家长共讲美德故事，学习读本中的文化知识。通过美德剧表演等途径，我分阶段引导学生践行孝、礼、勤、诚等中华美德。

年级	三上	四上	五上	六上
主要教育内容	孝于亲	勤学习	知荣耻	忠国家
	了解"孝"文化，学会感恩，以母亲节、父亲节、重阳节等传统节日为契机践行孝亲美德。	师生讲述古人勤奋学习的经典故事，布置班级学习园地。博览群书，制订科学的学习计划，分享学习方法。	明辨是非、善恶，有正义感。懂得以文明为荣，以自私、作恶、损害他人利益为耻。通过绘画、道德判断等方式知荣、知耻。	以各个时代的英雄人物为榜样，学习精忠报国的典型人物事迹，向最美逆行者致敬，树立报国理想。
年级	三下	四下	五下	六下
主要教育内容	知礼仪	守诚信	宽待人	保廉洁
	学习待人接物的基本礼仪，如用餐礼仪、不同场合的着装礼仪、公共场所的社交礼仪等，完善礼仪知识。	明确诚信乃做人之本，不欺骗他人，勇于践行自己的诺言，特别是在考试中遵守考试纪律。	学习"宽"的内涵，提升容人之量。能够容得下不同意见，相处中谅解他人无心过错，与人友好相处。	开展廉洁教育，学习清廉之士的一身正气。不攀比、不崇尚金钱，从小树立廉洁、自律意识。

2. 立足开心农场，开展劳动实践课程

我充分利用农村学校有利的自然资源，立足学校开心农场蔬菜园，围绕蔬菜种植开设一系列劳动实践课程。我向学校申请了校园里一片种植土地，作为班级的"耕种实验田"，让学生动手实践，培养学生正确的劳动价值观和良好的劳动品质。

我还组织孩子们以小组为单位开展植物种植课题研究，从写观察日记开始，到自主研究蔬菜的生长规律、作物特点、光合作用等，孩子们的观察、思考、合作探究的学习品质进一步提升。

（四）优化活动因子——激扬奋发向上的活力

在班级这个生态系统中，有小草也有乔木，小草有小草的韧劲，乔木有乔木的高大，孩子们更是别具个性的独一无二的鲜活生命。我着力优化班级活动因子，激发他们向上的生命活力，促进个性发展。

1. 系列化活动——扬长避短促发展

基于学生求知欲强、表达欲强、精力旺盛、喜爱表现的整体特点，我开展系列活动，培养他们探索的精神、理性的思维以及合作创新的能力。

（1）神奇讲坛——求知探索勇展示。

农村的孩子们没有城区孩子那样优越的课余学习条件，班内几乎没有人参加校外兴趣班，但我班的孩子都有很强的求知欲，对各类课外知识都有所了解，只是探索精神不足，也总因为怕说错而不敢在正式场合勇敢表达。于是，每周三我在班内开展"神奇讲坛"活动，引导孩子们选择感兴趣的知识，以独立或小组合作的形式深入探究。

（2）诗词表演——潜心合作乐创新。

我通过"诵读与展示"活动引导学生在经典诗文中汲取力量，涵养品格。我们长期开展韵味诵读活动，每天早自习吟诵诗词。我们在诗词经典中度春夏秋冬、观日月星辰、赏春花冬雪、游山川河流。我们还精心编排以经典诗文为核心的美德剧，孩子们在演绎经典的过程中传承忠、孝、礼、义等传统美德，更在日常生活中践行传统古诗文中的美德，他们纷纷将"黑发不知勤学早，白首方悔读书迟"等励志诗文作为自己的座右铭。

2. 个性化活动——搭台铺路展特长

多元智能理论指出，不同的学生有不同的智能强项，我注重发现每个学生的闪光点，深入挖掘他们的潜能，培养个性特长。

（1）班级达人秀——魅力展示亮风采。

为了让每个孩子认识到自己独特的价值，同时发现他人的闪光点，我结合班级学生的爱好和特长，积极搭建舞台，开展一月一主题的班级达人秀活动。

学期	月份	评选达人	活动内容
第一学期	9 月	阳光小健将	每日阳光运动打卡：跳绳、仰卧起坐、开合跳。
	10 月	益智小天才	益智游戏周 PK 赛：魔方、魔尺、九连环、数独。
	11 月	创意小厨神	自制创意美食，班级群投票评选。
	12 月	艺术小明星	结合元旦联欢，遴选唱歌、舞蹈、演奏等小达人。
第二学期	3 月	书画小作家	软笔、硬笔书法展，手抄报、绘画主题展示评选。
	4 月	手工小能手	创意黏土、剪纸、拼贴画、模型制作作品展。
	5 月	诗词小状元	诗词大会、飞花令比拼、诗词诵读。
	6 月	朗读小达人	每周设定朗读者时间，朗读古今名家名作。

达人秀活动给孩子提供了展示自我的机会，也让我发掘了他们身上的潜力。

（2）花样小社团——自主发展扬个性。

随着各种兴趣爱好的萌芽和发展，孩子们自发组建各类社团，有特长的孩子出任小社长。在老师的支持下，学生社团蓬勃发展，手工艺社团的孩子们一起捏泥塑、画脸谱、制作藏书票……他们完成的作品在学校传统艺术宣传栏内展示。还有炫酷魔方社、青青诗词社、"Hand-Book Girls"创意手账研究社……每周五的第三节课，是固定的社团活动时间，学生的兴趣爱好进一步发展，协调沟通、合作探究的能力有了深层次的锻炼，每个人的个性魅力得到最大程度的张扬。

五、特色与成效

每个学生的生命在生态型班级中得到尊重、塑造、发展和完善，他们独立自主、自信活泼，在丰富自身的同时也乐于奉献。孩子们与同年级学生自主成立了"学长服务岗"，带一年级新生认识校园，教学弟学妹们行为规范；孩子们懂得感恩家人，节日里为家人送上亲手制作的小礼物，假期主动承担起家庭的责任；更惊喜的是，孩子们乐于投身社会服务，在老师的带领下到周边养老院看望老人，在家长的支持下化身小小志愿者，铲除社区小广告，为家乡设计宣传名片。

现在，班级中充满良性的因子、和谐的元素，形成了健康向上的氛围和蓬勃发展的新生态。我真切地感受到生命真实而鲜活的向好发展，孩子们在生态型班级中共生、共进、共成长。班级在毕业之际获评北京市先进班集体。他们不断历练、收获，用力张扬个性美好，每个人都蜕变为最好的自己，也在为成就明天更好的自己不断积蓄着能量。

雄鹰振翅，天地翱翔

——雏鹰班建设方略

■ 广西南宁市天桃实验学校教育集团　巫晨雨

◆·········　班主任简历　·········◆

　　巫晨雨，广西南宁市天桃实验学校教育集团教师，广西优秀语文教师。在广西中小学幼儿园教师技能大赛中荣获一等奖第一名，活动课《雏鹰心系壮乡情，八桂大地一家亲》在广西优质少先队活动课评比中荣获二等奖。2021年，被广西推荐参加全国中小学班主任基本功展示交流活动。

◆·········　班主任宣讲　·········◆

一、育人理念

　　"素练风霜起，苍鹰画作殊。"雄鹰振翅，敢与风雨搏击，勇于天空翱翔。少年兴国，有志于成长为为党为国为民敢于斗争、勇于战胜一切艰难险阻的建设者和栋梁之材。带着这份希冀，我希望培育学生们拥有强劲有力的双翼，拥有搏击长空的志向和能力，雏鹰班应运而生。

　　依据皮亚杰认知发展阶段理论，我将雏鹰班的培养分为三个阶段：雏鹰哺育期—幼鹰成长期—雄鹰展翅期。这三个阶段的发展和联系，维系着我的"三自经"——自理、自律、自主这一根主线。

　　雏鹰哺育期，也就是一、二年级。我着重训练学生的自理能力，初步建立学生的规则意识，依据该阶段儿童顺从权威、尊重权威的心理特点，帮助他们养成良好的生活习惯，为接下来更复杂的学习活动打好基础。

幼鹰成长期，也就是三、四年级。我尊重学生的发展规律，给予学生自己管理自己的机会和平台，鼓励他们约束好自己，实现皮亚杰提出的"由他律走向自律"。

雄鹰展翅期，也就是五、六年级。我充分发挥学生的自主性，在班级事务、学习安排、人际交往等方面积极发挥他们的主观能动性，让学生在实践、反思、再实践、再反思的过程中提升自主管理能力，绽放自己的光芒。

通过这三个阶段的学习和训练，学生将由懵懂的雏鹰成长为幼鹰，又蜕变成为英勇的雄鹰，逐步成长为会学习、会生活、身心健康的建设者和栋梁之材。

二、班情分析

我从教 6 年，完整地带完了一届雏鹰班。班级中有 46 位学生，其中女生 22 人，男生 24 人。他们开朗活泼、积极向上，拥有比较强的自理能力。他们能自觉保持教室干净整洁，课前课后自行收拾好课本，甚至还能充分利用时间安排自己的学习活动，以小组的形式互帮互助。

三、班级目标

我们的班徽和班旗上都有一只正待飞翔的雏鹰。雏鹰虽小，但锐利的眼神和勇于挑战的气势不可阻挡，一如雏鹰班的学生，不断拼搏提升自我，不畏困难百折不挠。鹰的精神始终激励着我们顽强拼搏、不懈奋斗。

雏鹰班的发展目标是：短期目标——带领雏鹰，自立自理正三观；中期目标——指引幼鹰，自觉自律有格局；长期目标——点亮雄鹰，自强自主能担当。

四、实践做法

紧扣三个阶段的成长，努力达成短期、中期、长期发展目标，落实自理、自律、自主"三自经"这一主线要求。

（一）自理做基石，关注细节树榜样

小学生必须养成自己照顾自己的能力。我从学生整理书包、打扫卫生、关好门窗和电器等这些最小的、最切近的事情教起，经历了不知多少次的示范、提醒……学生们终于能够一丝不苟地做好自己的事。回到家里，家长们发现自己的孩子长大了，他们不仅能做好作业，整理好小房间，还能主动做些力所能及的家务活……学生能把很多事情做得很出色，培养了他们的责任感和专注精神。

我注重在班级生活中渗透"雏鹰精神"。

1. 丰富内涵打造雏鹰文化

板块一：雏鹰班公约。我们广泛征集班级公约，比如，上课要专心，做作业细心，过马路小心，对朋友真心。朗朗上口，很好记忆，促进他们自主管理。

板块二：雏鹰才艺墙。我们张贴学生的书法、绘画作品，并定期更换，帮助更多的孩子发现特长，树立信心。

板块三：雏鹰微心语。每天分享一句励志名言，点亮一盏心灯，照亮孩子的精神世界。

板块四：雏鹰心愿墙。让孩子们在新学期开始，写下心愿或立下目标，为之努力。

2. 任务驱动培养雏鹰助手

法国当代心理学家瓦龙指出，儿童心理发展水平分为四个阶段，小学阶段正处于客观性时期，这个时期的儿童需要找到自己的长处并得到认可，还会十分关注外在的世界，探索外部世界和自身的联系。

基于这样的心理特点，我将班级事务分成几十个小项，学生自愿主动承担其中一项工作，比如，谁整理劳动工具，谁擦 1 号窗，谁擦 2 号窗，谁负责走廊卫生，谁负责整理讲台桌，谁负责检查红领巾佩戴等，形成了"人人有事做，事事有人做"的班级管理格局。

3. 小组合作激励雏鹰团结

每组 4 位同学在"同组异质、异组同质"的前提下自愿组成，4 位同学分别管理组内的学习、安全、礼仪、卫生。同时，对小组进行捆绑式评价，每周评选出团体总分前五名，发放表扬信，再根据表扬信数量，对学生进行奖励，奖励内容有趣而富有创意，如和老师疯狂自拍等。低段的学生需要事无巨细地引导，通过行为培养，让他们养成良好的习惯，在行为活动中，树立起端正的三观。

（二）自律是保障，授之以渔勤实践

优秀源于自律。有了自理基础，接着进入第二层次的培养——自律。这一阶段，我着重训练学生们学习自我约束，改掉天生的惰性、任性，逐步培养起良好的行为习惯和自我约束能力。

1. 长辈先行，作好示范表率

培养学生的自律，老师、家长是最好的榜样，要求学生做到的事，老师、家长要先做好。在规定时间，抵制诱惑，做规定的事，说到做到，是自律的基本要求。我注重教育学生掌握学习方法，训练学生按规定完成作业。我上课会提早到教室等待学生，主动和学生打招呼问好，看到地上的垃圾主动捡起。我用实际行动示范，不需要三令五申，学生们也会向我看齐。

家长在规定时间看书而不看电视或手机等，也是训练学生自律的好榜样。对一些不能完全配合的家长，我会借助 QQ、微信等现代通讯工具单独联系他们，了解他们在实际家庭教育中存在的困难，然后给出有针对性的建议。

2. 同窗携手，开展良性竞争

一个人可以走得很快，一群人可以走得很远。"双减"的大背景下，自律的重要性更加凸显，培养学生的自律性成为重中之重。在家里，学生有长辈作榜样，在学校里，除了老师，最好的示范就是同学了。大家年纪相仿，看到同学能做到的事情，自己也不甘落后，拼命追赶。

"双减"政策落实初期，了解到很多学生不习惯在学校完成所有作业，我就采用"由浅入深、由少到多"的方法，先布置简单、少量的内容，绝大多数学生一下子就在课后辅导时间完成了，还能找老师一对一批改、讲评、订正。我会用小礼物、小"特权"奖励那些自律自觉的学生，每一个上台批改的同学都能得到不同的小奖品或"和老师合影""老师送一句名言"等鼓励。原本有些拖拉的学生看得"眼馋"，纷纷埋头动笔。久而久之，雏鹰班的同学们能够在课后辅导时间里完成老师布置的任务，完成后还主动地找老师一对一批改。

3. 善用资源，巩固自律意识

我利用主题班会、社会热点、班级事件、家长会等教育契机强调自律的重要性。已经养成自律习惯的学生成了榜样，还没有做到自律的学生则需要不断提醒、教育、激励，才能逐步养成良好习惯。一些学生进步缓慢的原因是综合性的，可能是家庭缺少自律氛围，可能与个人的性格因素有关等，那就需要在学校时尽可能弥补不足，用整体的自律氛围感染他们，用典型事例反复分析，抓住他们的每一次进步进行表扬，让他们切实体验到自律带来的甜蜜果实。

（三）自主促提升，综合能力更全面

只有学生亲自参与到学习过程中，才能真正激发学习的激情和兴趣。遵循这一理念，我在班级管理中处处突显"学生是班级的主人翁"的特色。

1. 课堂内外自主管理，会学会玩快乐成长

培养每一位学生都能勇敢、独立发言。三年级之后，我指导学生组建学习小组，手把手教他们做课件，耐心引导他们上台展示，最后看着一个个"小雏鹰"自信地站在讲台上绽放光彩，我的心里充满着感动。

学习之余，我也鼓励学生自主创新，把自己的兴趣爱好"玩"出特

色，"玩"出名堂。学生们组建了乐队，乐队中的尤克里里、吉他手可是我的得意门生。学生们自己改编演奏的歌曲《一百万个可能》，在全校的艺术节上大放异彩。我们班的小雅同学更是优秀，她自己作曲，创作了抗疫主题歌曲。他们用自己的方式为祖国加油，用自己的才华表达出奔涌的家国情怀。

2. 每日一记互动常在，聚沙成塔正面影响

在通讯发达的今天，碎片化阅读成为常态，我想让家长们在忙碌的工作之余，也能实时了解学生在学校的所思所学，更紧密地配合班级工作。我开始每天一篇的"小明星反馈"，分为"作业、课堂、纪律、卫生"四大板块，除了对照孩子的表现进行表扬，还附有课堂上的学习重点、孩子们表现的亮点。聚沙成塔，时至今日，我已经写下了30余万字的教学日记。

3. 亲笔书信走进心灵，建立联系家校共赢

我一直遵循学校与家庭对孩子共教共育的理念。薛瑞萍老师说过："我带领的不仅仅是50个学生，更是50个家庭。"这句话给了我灵感和启发，要把学生教育好，首先应该了解他们的家庭。自从接了这个班后，我利用晚上或周末的时间对全班学生进行了家访，与家长架起了有效沟通的桥梁。

每个学期我都会撰写《致家长的一封信》，每封信的内容都不同，那是我对每一个家庭的祝福和支持。再忙碌、再强势的家长，看到这封手写的信件，都能理解班主任对自己孩子的殷切期望，在接下来的工作中，格外信任我、配合我。

我还利用家长会、班会、班级 QQ 群、微信群等家校交流平台，每月举行家长微课堂活动，请家长走进学校开展班会活动，时刻强调"身教重于言教"，相信榜样的力量是无穷的！我们邀请家长走进校园，看看学生学习生活的环境，和学生一起体验活动的乐趣。家长付出了时间和精力，和学校的联系将更为紧密，也看到了孩子在自己的陪伴下，是多么开心和幸福，如此一来，家校合作就能走向良性循环。家长的支持和鼓励，让雏鹰班的学生们如虎添翼，在丰富多彩的活动中崭露头角。

五、特色与成效

我的兴趣爱好广泛，喜爱音乐、绘画、书法等。这些兴趣爱好，也在悄悄影响着我班的学生。雏鹰班的学生动静皆宜，文武双全。动能歌舞青春声色张扬，静能诗词歌赋笔墨春秋。运动场上，雏鹰猛将势不可当，队员们合作无间，凭借过人的技艺和精湛的技术，拿下了年级篮球比赛的冠军。同学们不仅在场上呐喊助威，场下还制作了精美的视频进行宣传。

"给孩子一个舞台，他会还你一个奇迹。"雏鹰班班风正、学风浓，连年被评为学校优秀班集体，在学校举行的各项比赛中也是名列前茅，于2017年荣获了"南宁市优秀中队"光荣称号，我也获得"南宁市优秀中队辅导员"的称号。

慢慢前进，步步成长

——蜗牛班"追优揽胜"之旅

■ 河南省郑州市金水区优胜路小学　陶岚

◆--------- 班主任简历 ---------◆

　　陶岚，河南省郑州市金水区优胜路小学教师，河南省名师，河南省优秀教师，河南省优秀班主任。在河南省第四届中小学班主任基本功大赛中获小学组一等奖第一名。2021年，被河南省推荐参加全国中小学班主任基本功展示交流活动。

◆--------- 班主任宣讲 ---------◆

一、育人理念

　　秉承"慢教育"的带班育人理念，充分遵循学生的身心发展规律和特点，遵循"慢慢前进，步步成长"的学生身心成长轨迹，以活动育人、协同育人、课程育人、实践育人、多元评价为班级建设途径，努力构建师生"慢"成长、家校渐融合的班级育人环境。

二、班情分析

　　蜗牛班共有学生43人，其中男生23人，女生20人。刚刚入学的"小蜗牛"们，习惯像一盘散沙，而他们的爸爸妈妈却对孩子各项表现充满了高期待。"急功近利"呈现在诸多爸爸妈妈的言行上，"静待花开"早已失去了成长的土壤。

三、班级目标

教育需要有敢于慢下来的勇气。在带班育人过程中，我始终坚持"个人慢成长，班级大发展"的班级发展总目标，努力构建师生"慢"成长、家校渐融合的班级育人环境。确定目标后，"蜗牛班"便成了我们的班级标识。

四、实践做法

（一）"蜗牛"初启程——"慢"理念扎根家校

班主任工作实践让我愈发感受到，现在的教育普遍"急于求成"，"鸡娃"的家庭似乎越来越多。然而，教育是慢的艺术。因此，带着"蜗牛"初启程时，我要让"慢"理念扎根家校。

1. 一封封书信，"慢"沟通

人与人之间的初见及未来持续性的沟通，更多依靠的是真诚流露。一纸信笺，笔墨达意，字里行间情真意浓。这就是我想用纸笔开启家校沟通良性循环的初衷。

（1）"介绍信"：亮出观点，传递理念。

开学初，我会给每位家长写一封信，简述自己的带班经历，亮出自己的带班育人观点，提出"人"的成长各有长短、优劣、成败、苦乐、悲喜等，而教育本身就有周期长、见效慢、制约多等特点，慢慢来，请给予学生自我成长的机会。我将"慢"理念传递给家长。

（2）"携手信"：推心置腹，分享方法。

建班之中，势必会遇到一些学生成长的共性问题。我会给家长写一封封"携手信"，细说有关习惯养成的点点滴滴，引导家长们意识到，家庭生活是真正能深耕细作规范习惯的地方，父母最初让孩子看到的各种言语习惯、生活习惯、工作习惯等，是决定孩子未来成人的关键所在。

（3）"微书信"：持续推动，全面共育。

在班级各项工作逐渐稳定后，我有意识地以"微书信"形式记录每周学生们成长中的琐事并分享到班级公众号中，温情构建家校沟通的"生命场"。我还会与有不同需求的家长开展有针对性的交流。对孩子有较高学业要求的家长，我会通过书信交流阅读、习惯、视野等共性话题；针对留守儿童家长或者孩子有身体缺陷、学习困难等问题的家长，我会在书信中提供更多的亲子沟通技巧或育儿知识。一封封书信让我和家长们达成了教育共识，形成了教育合力。

2. 家庭教育课程，"慢"引领

我要给予家长们"慢"引领，指导他们科学教育子女，更好地促进孩子成长。

（1）"慢行知"家本课程。

"家本"是相对于"生本"而言的，凸显出家庭才是影响学生的必然因素。家本课程，强调家长在学生成长中的主导作用。我从陶行知先生的生活教育理论中汲取营养，分析每个学生的成长路径，帮助家长厘清孩子成长中的困扰，设置了符合学生身心发展规律的"慢行知"家本课程——慢读、慢知、慢行。

慢读课程旨在引导教师与家长在"读书成长营"中共读好书，帮助家长理解"关系大于教育"等儿童心理学相关知识，学会用正确的方式去爱孩子。慢知课程旨在建立父母职业大课堂，充分发挥在各行各业工作的家长的专业优势，让家长走进课堂展示自己的专业风采。慢行课程旨在通过"陶岚老师正向教养课程"，将自己所学的儿童心理学知识变成活动、游戏、场景等形式，帮助家长们重新审视自己的家庭教育行为，循序渐进地提升家庭教育指导能力。

（2）家长网格小组齐助力。

我依据家长们提交的"入学家校调查问卷"，根据家长的居住地点、职业等，组建了多个家长网格小组。

在蜗牛家长网格团队带动下，30多名学生家长分工合作，参与班级各项活动的策划与组织。第一网格家长成员负责组织每月一次的"蜗牛慢讲堂"家长线上直播分享，围绕各种教育类话题展开交流研讨。第二网格家长成员负责将活动结束后的语音信息转化为文本信息。第三网格家长成员负责召集本班家长，分批组成"多子女家庭互助帮帮群"及"独生子女成长交流群"，群内成员互相献计献策，帮助解决各种家庭教育问题。我负责在学期末整理家长网格小组的相关活动图文内容，发布在班级微信公众号"寻一桃花源"中。

（3）家校同练持推进。

为进一步巩固"慢行知"家本课程的实践效果，我录制家校微课"每日一字，师生同练"，从语文教材的写字表中选一个具有代表性的汉字，为家长和学生提供书写此字的指导视频，并讲述关于这个汉字的故事。这样既有效讲解了本课的汉字书写知识，又达到了"以字育人"的效果，还营造了家校共同陪伴学生成长的氛围。

"慢教育"理念的牵引、"慢知行"家本课程的设计与实践，以及开展持续有度的家校同练，让我在建班之初迅速找到了家庭与学校良性沟通的平衡点，形成一股教育合力，助力学生成长。

（二）"蜗牛"慢始行——"优"习惯养成有方

有了"慢"环境的滋养，"小蜗牛"们就有了学习、生活的安全感。我借助家长力量，通过家校共育整理模式，培养学生看得见的习惯。

1. 成长有规划，让要求可视化

我将学生们的日常行为规范概括为"蜗牛成长核心素养"——心中有爱、谦虚好学、坚持锻炼、言行有礼，这四大主题贯穿低、中、高学段，并细化出"小蜗牛"们"慢"成长的具体要求（见下表）。

学段 育人 目标	低年级	中年级	高年级
心中有爱	升国旗敬队礼（肃立）；会使用礼貌用语；会整理书包和课桌；自己的事情自己做；遵守纪律不迟到。	会唱国歌；见人主动打招呼；遇到矛盾不动手，合理解决；关心身边的人；愿意参加集体活动。	能宽容对待友人；体谅父母和师长；热心志愿者服务；做事情有积极的态度；对于别人托付的事情做到有始有终。
谦虚好学	喜欢上学，能认真听别人讲话、不插嘴；乐于参与讨论，并发表自己的观点，遇到不懂的问题大胆主动提问，并能做到声音响亮，有礼貌。	喜欢读书，能发现学习和生活中的问题，并有目的地搜集资料、共同讨论、解决问题；在与人交往中，善于认真倾听，并能就不理解的地方向人请教，就不同意见与人商讨。	喜欢探究，能通过搜集资料验证自己的观点，讨论问题有条理；会运用学到的知识、技能解决学习和生活中的问题；与人交往中，勇于发表自己与众不同的观点；经过准备能够在集体中进行演讲。
坚持锻炼	热爱体育运动，掌握简单的运动动作；在体育运动游戏中能尊重对手，赢了不骄傲，输了不气馁。	能坚持一种体育项目的锻炼；身体协调，形成健康的生活方式；懂得2~3种体育项目的规则，会欣赏运动的美。	能在集体竞技运动中体会合作的力量；通过国家体质健康测试，掌握3~4种体育运动技能，其中一种成为特长项目。
言行有礼	在公共场所行走不奔跑，抬头挺胸不哈腰；能在大家面前唱（演奏）一首自己拿手的歌，或者表演一个自己擅长的才艺。	能欣赏名家作品，感悟经典；能表达自己的感受，有一定的欣赏美、鉴赏美的能力。	热爱艺术，具备艺术方面的综合素养和能力；尊重生活中美的创造者，并会用自己的方式表现生活中的美。

2. 一人一目标，让习惯稳定化

我设计了一目了然的"桌面目标卡"，包括"蜗牛目标""成长策略""陪伴者评价"等内容。"蜗牛目标"由学生根据"蜗牛成长核心素养"中的学段要求和个人情况来填写自己的每周目标；"成长策略"由教师、家长、学生通过每周五晚上的家庭会议共同讨论达成；"陪伴者评价"由教师和家长共同进行，激励学生下周更好地达成目标。

我通过这种可视化的习惯培养、细致评价、全面反馈，螺旋慢进地提升着每一个学生在能力范围内可以达成的目标。借助家长力量，家校目标卡共育模式将家校习惯统整培养，实现习惯可视化。

3. 轮岗储币制，评价促成长

蜗牛班有两套并行的管理体系：一是"定责轮岗制"，二是"蜗牛币储值"。

我们确定了班级工作岗位后，以"我为班级作贡献"蜗牛选聘会为契机，让学生自愿报名申报承担责任岗，然后进入"蜗牛岗前培训"阶段。通过岗位培训考核后，每个学生都有自己对应的岗位，实现人人定岗。一段时间后，实现人人轮岗。

我们根据按劳分配、多劳多得的班级服务评定标准，建立了"蜗牛心愿银行"。学生在自己的成长档案袋中储存个人在服务岗位上以及各项习惯表现中获得的"蜗牛币"。积累到一定数额后，可以到"蜗牛心愿银行"管理员（班主任）处兑换心愿卡。通过以上活动，我们达成了本班发展目标：构建"个人成长小目标，班级成长大循环"的班级成长共同体。

（三）"蜗牛"齐追优——"慢"文化浸润童心

班级是师生共同成长的精神家园，班级文化是一个班级内在素质和外在形象的集中体现。

1. 环境文化，潜移默化育童心

走进蜗牛班，映入眼帘的是后墙上的一列极速蜗牛号高铁。它沿着书籍铺成的轨道前进，象征着知识让这群"小蜗牛"慢行渐远。火车头为全班师生合影，一节节车厢代表着一个个小组，高铁下面是班级活动的照片。"小蜗牛"们虽慢行但绝不落后，向着"追优揽胜"的目标不断前进。

后黑板的左侧为"蜗牛明星树"，张贴的是班级每周目标卡闯关小榜样；后黑板的右侧贴着蜗牛班每日常规图谱，帮助学生记住在什么时间节点做什么事。教室里摆放了很多绿植，饲养了小蜗牛，小生命的陪伴让生命美学融入这间朝气蓬勃的教室。

2. 活动文化，促进家校同频育人

我将家委会改为"蜗牛帮帮团"。首先，吸纳真正热爱班级公益工作的家长加入"蜗牛帮帮团"。接着，将这些家长分成七大组，每组家长轮流负责与班主任商议、策划、组织与二十四节气相关的班级活动。我们根据二十四节气日复一日、年复一年地进行着传统文化活动，为蜗牛班埋下了一颗慢慢发芽的传统文化种子。

一个个"小蜗牛"通过"华容道闯关""魔方升级赛""棋行天下"等室内活动启智润心；通过"花球大课间""快乐篮球"等室外活动强身健体；通过"见证百花奖""关爱母亲河——参观黄河博物馆"感受中原文化的深厚底蕴；通过"走进三全食品厂"体验河南现代企业的高速发展；到河南农科院聆听麦子专家雷振生的事迹，明白谁才是我们应该追求的偶像。

3. 班本课程，奠基未来美好人生

蜗牛班聚焦班级育人发展目标，着眼于学生的个性和可持续发展，开发了系列班本课程。2017年，我以地域生活为中心，为初入校的学生们开发了"河南娃"班本课程；2018年，我们关注环境保护，开发了"万物皆有灵"绿色课程；2019年，我们开发了"寻找大富翁"理财课程，让学生们聚焦经济合理规划；2020年，我们开发了"珍爱生命"课程，让学生们理解"逆行者"用行动诠释的"人民至上，生命至上"的国家理念；2021年，我们致敬离世的袁隆平爷爷，开始了"呵护一粒米"劳动课程；2022年，在"双减"号召下，我们开发了以综合性为主的增强知识与生活联合的"创造"班本课程。班本课程的开发与实施，让学生走向社会，与时俱进，适应社会的发展。

五、特色与成效

我所带领的蜗牛班荣获"全国魅力少先队"、郑州市文明班级。教育是一个慢活、细活，是生命潜移默化的过程。"所谓润物细无声，教育的变化是极其缓慢、细微的，它需要生命的沉潜，需要深耕细作式的关注与规范。"这句话说出了基础教育的本质。这样想来，班主任专业素养的成长之路正如一场慢行渐进的农业革命，遵循规律"守天时"，培育过程"润童心"，生态平衡"合人意"。唯有如此，方可营造有机的"慢教育"，实现我们心中的理想班级梦。

让每一颗星星熠熠生辉

■ 上海同济黄渡小学　韩留娟

◆--------　班主任简历　--------◆

　　韩留娟，上海同济黄渡小学教师，嘉定区班主任人才库成员，嘉定区第九届、第十届优秀班主任，多次获嘉定区教育局嘉奖，主持的德育课题被立项为区级课题。

◆--------　班主任宣讲　--------◆

一、育人理念

　　由于小学生的生活环境、家教方式等各有不同，他们的思想观念和心理素质也具有独特性，这种独特性让每个学生成为闪着不同光芒的星星。遵循学生的个性特点，充分挖掘他们自身的优势，秉持着"相信每一颗星星都熠熠生辉"的育人理念，带领着我们星辰班汇聚成一个团结、合作、友善、和谐的熠熠生辉的发光体，让每一个孩子全面而有个性地发展，为他们的成长奠定坚实的基础。

二、班情分析

　　本班男生 23 人，女生 22 人，班级大多数学生活泼开朗、思维活跃、兴趣广泛、可塑性强。班级整体风貌较好，同学间的关系比较融洽。刚刚进入一年级，学生的规则意识薄弱，习惯养成非常欠缺，集体荣誉感不强。

通过问卷调查、家访了解到，家长和孩子的相处模式大部分是平等、民主、和谐的朋友关系，占82.5%；少部分是父母地位高于孩子和让孩子自然自发自主成长，分别占7.5%和10%。家长在教育孩子的过程中，特别关注孩子的习惯养成，关注孩子的个性发展，但缺少科学的教育方法，教育的观念也亟须更新。

三、班级目标

基于班情分析，对照《中小学德育工作指南》中指出的引导学生"形成积极健康的人格和良好心理品质，促进学生核心素养提升和全面发展"，在"相信每一颗星星都熠熠生辉"的育人理念下，通过班级公约制定、班本课程实施等班级建设举措，协同家长助力，让班级成为"尚善求是，向上求美"的班集体，让学生在向上、向善、向美的班级氛围中，成长为"明理守信、勤学善思、身心健康、富有情趣、乐于担当"的阳光少年。

依托学校"五力"课程，结合每个年段学生的特点，进一步将发展总目标细化，制定了每个年段着重关注的分目标。

阶段	目标概述	"五力"课程背景下分目标				
		魅力尚德 以美益德	实力尚学 以美启智	活力尚格 以美健体	才力尚艺 以美怡情	能力尚劳 以美促劳
一、二年级	点亮微星 养成习惯	文明有礼 美言雅行	学有目标 善于思考	参加锻炼 热爱运动	感知美好 发展兴趣	寻找岗位 主动值日
三、四年级	小星追光 互助成长	互帮互助 友善他人	合作探究 善于提问	积极向上 乐观开朗	传承经典 美化环境	热爱集体 积极承担
五年级	星火燎原 精彩绽放	明辨是非 有公德心	博览群书 乐于探索	意志坚定 自律自强	艺术创作 文化认同	热心公益 服务社会

四、实践做法

（一）共筑目标愿景，凝聚点点星色

班级建设要将学生成长、发展的现有状态作为起点，唯有根植于班级实际基础，班级建设才能产生真正的发展效应。在班级组建初期，学生的归属感和集体荣誉感较弱，这个阶段重点打造班级形象，以培养学生的集体意识，增强班级凝聚力。

1. 打造"星辰"文化，提升班级软实力

一年级，通过"创意征集令"，邀请学生和家长一起定班名、班徽。经过甄选讨论、民主投票，最终命名为"星辰班"，并设计了班徽。

我们合理利用班级资源，共同打造"聚是一团火，散是满天星"温馨教室，利用班级板报文化，设置"星星少年聚会场"，展现学生思想上和行动上的闪光点。教室还设置了"故事图书角"，上面摆满了学生从家里带来的各类图书。下课时间，我带着孩子们一起阅读，在阅读中获得快乐，在阅读中获取成长，在阅读中汲取榜样的力量。还有"许愿墙""星空加油站""星星书吧"等，每一面墙都能"说话"，处处显示出星辰班的特色。

2. "星星的约定"，增强班级凝聚力

班级公约像一颗"向上"的种子根植于孩子的心中，是带领班集体"向上"的力量。师生共同梳理班中问题，在班干部的带领下，学生自主制定"星星的约定"。行为规范教育不仅是"塑形"，更是"塑心"，我努力建立行为规范养成与积极心理之间的联系，根据学生年段特点，实行量化考核制，在学生自我约束、自我成长的基础上，积极正向地引导学生遵守公约，助力学生养成好习惯。"越自律，悦自我"逐渐成为学生的共识。

3. "星星小管家"，促学生自主发展

我将"管家"理念融入班级制度管理环节之中，授权孩子自主管理班集体，让每个孩子绘制岗位表，做班级的"小星星管家"。

通过开展"我与责任交朋友"的主题活动，引导学生感受到责任意识对自己和班级生活的重要性，让学生能够正确对待自己应负起的责任，不断地完善自我，做一个对班级有用的人。在此基础上，我引导学生在班级岗位中践行责任，学生的岗位践行需要完成如下流程：积极发现班级岗位—讨论确认岗位职责—根据自己的优势选择上岗—岗位体验践行责任—积极评价感悟成长—岗位轮换自觉尽责。学生在岗位体验中承担着班级生活的责任，感受着自己的尽责带给集体生活的愉悦。

（二）多彩活动助阵，点亮璀璨星空

活动是学生道德形成和发展的重要途径，主题明确、内容丰富、形式多样、吸引力强的班级活动能引导并激励学生，培养学生良好的思想品德和行为习惯。

1. "小星星"说世界，培育爱国情怀

一个国家、一个民族，只有开放兼容，才能富强兴盛。因此，爱国主义教育中，我坚持立足中国又面向世界，"小星星说世界"主要以"大世界，小新闻"活动为载体，通过早读5分钟新闻播报、5分钟新闻讨论，用学生喜闻乐见的方式，结合国内外形势对学生进行爱国主义教育，多方面引导学生认识和了解国内外政治、经济、文化、科技等方面的情况，增强他们的国家观念和民族意识，逐步提升强烈的民族自豪感，激励他们为国家和民族的繁荣昌盛而努力。

2. 国学经典吟诵，渗透传统文化

中华传统文化是班级建设的"源头活水"，能给人以力量，化人于无形。"春天送你一首诗"国学经典吟诵会，让学生在古诗词中徜徉，经典中的美德善行也润泽了学生的心灵。"我们的节日"系列活动中，包粽子、挂艾叶、做年画丰富了学生的节日体验，在合作中收获友谊的点滴增进和向善的点滴积累。

3. "一畦小菜园"，引领劳动成长

基于学校开展的劳动教育项目，充分运用家庭、社会资源，通过线上、线下的形式，为学生劳动实践活动搭建新平台。带领学生在教室门前的"一畦菜园"中耕耘、收获；带着他们走进实践基地，开展"小小番茄匠"劳动实践活动；在孩子们的奇思妙想下，种菜有了无限种可能，孩子们也体会到了劳动的快乐，更能感受到班级和谐之美。班级居家种植活动开展经验作为"线上建班育人金点子"发布在学校微信公众号上。

4. "我的绘本乐园"，播撒阅读的种子

生动有趣的绘本故事促进学生培养良好习惯，也有助于优秀班集体的形成。以学校温馨教室的创建为契机，在班级图书角开辟了"我的绘本乐园"，通过共享阅读，在班级中营造一种积极的阅读氛围。根据不同年段，开展了一系列主题阅读活动，为学生搭建了交流、展示的平台。结合学校一年一度的教育教学节中的"语文节"活动开展了"经典绘本我来演"，以绘本为纽带，营造浓郁的书香氛围。

（三）家校协同合一，共燃燎原星火

教育的效果取决于学校、家庭的一致性，家校协同共育是实现班级向上和学生健康发展的良好基础。

1. "最美家庭阅读角"，营造书香氛围

通过家校协同共育，培养了学生的阅读习惯。平常，我通过家校群向家长推荐绘本、传递阅读新理念；"家长开放日活动"中，邀请家长走进课堂，观摩绘本阅读活动，感受学生阅读的快乐；开展"最美家庭阅读角"评选活动，潜移默化地在家庭中营造了阅读的氛围。

2. 开通 VIP 卡，融洽亲子关系

长期以来，班级中出现了两种亲子沟通问题：第一种是家长工作繁忙，无力顾及家庭教育；另一种则是部分家长的教育理念落后，想要做好家庭教育却又有心无力。两种不同的沟通问题最终都倒向了一个同样的结果——亲子沟通不畅。

为了改善班级内的沟通问题，让孩子欣然接受家长的教导，我开辟"家长 VIP"沟通渠道，让孩子们给家长制作一张特权 VIP 卡。如果亲子沟

通得好，一个月后，家长可使用 VIP 卡作为奖励，例如可以看孩子写的随笔，吃孩子亲手做的一顿饭等。活动期间，我收集学生和家长的感受，发现孩子们学会了自我督促，家长也能从孩子的角度出发，在家庭生活中创造出合适的教育方法，我也更加了解各位家长和学生的性格，有助于更好地为家长量身定制教育方案，更加和谐地创建我们家校共管共育的班级软环境。

魏书生老师说过："世界也许很小很小，心的领域却很大很大。"的确，我的心中就有一片浩瀚的星空，希望我们在神圣的岗位上，以虔诚的态度擦亮教室里的每一颗星星，愿以我心火作引，让星火之势冲出桎梏，照亮人生。

五、特色与成效

班级建设中，坚持立德树人，"五育融合"，依托"五力"课程，在实践中建构起多维立体的学生综合素养培育体系，锻造学生立德、立志、立身、立行的人生底色，促进学生全面发展。我们将班级活动与国家大政方针发展要求、传统文化传承、劳动教育等有机结合，有效利用家庭、学校、社会力量协同育人，为学生的健康成长持续赋能。

在班集体建设中，我们以月度为单位开展评价。月初，根据学生发展需求，确定评比内容，并作解读与动员，形成努力的愿景；月中，采取行动努力达成目标，利用积分评比进行监督；月末，根据量化的积分，开展评优表彰和总结，引导学生持续关注自己的行为。我们的班级形成了良好的"个性秀自我，群星闪光芒"的浓厚氛围，班级成为"向上向善向美"的班集体，学生养成了良好习惯，拥有了端正品行，提升了生命素养。

创灵动向上班风，育自主发展少年

■ 上海市闵行区七宝镇明强小学　朱佳妮

◆········· 班主任简历 ·········◆

朱佳妮，上海市闵行区七宝镇明强小学教师，上海市闵行区金奖班主任，上海市闵行区优秀辅导员。在闵行区第十届中小学班主任基本功大赛中荣获一等奖。所带中队获得闵行区"新时代幸福少先队中队"称号。

◆········· 班主任宣讲 ·········◆

一、育人理念

教育家苏霍姆林斯基提出："教育者要去发现每一位学生的禀赋、兴趣、爱好和特长，为他们的表现和发展提供充分的条件和正确引导"。中国学生发展核心素养也体现了鲜明的生命关怀，直指学生的自主发展。基于此教育理念的引领，以及闵行教育"让闵行每一个孩子健康快乐成长"的核心教育理念，我尊重每个独立、鲜活、多样的生命个体，以学生为教育主体，实现学生自我发展，将"激扬每一个生命的自主生长"作为建班育人理念。

二、班情分析

本班男生 23 人，女生 22 人，男女比例较为平均。入学一段时间后，通过对学生的观察，大部分学生比较娇气、任性，以自我为中心，且自理能力较差，自主性不强；小部分学生比较呆板，缺乏灵动，个性发展的需求和空间较大。

通过家访、问卷调研、交流沟通等了解到，学生家庭背景各不相同，家长对孩子的教养方式也有较大的差异：部分家长会拿自己的标准来要求孩子，不能接受孩子的意见，要求孩子无条件服从，不能及时鼓励和表扬孩子。部分家长和祖辈过度溺爱，对孩子充满无尽的期待和爱，无条件地满足孩子的要求，但很少对孩子提出要求。还有个别家长只关注孩子的学习成绩，忽视孩子的身心健康和发展。教育理念和教养方式的差异，也对孩子的成长造成了迥异的影响。

三、班级目标

基于班情分析，对照中国学生发展核心素养要求，重在"有效管理自己的学习和生活，认识和发展自我价值，挖掘自身潜力，成就出彩人生，发展成为有明确人生方向、有生活品质的人"。在"激扬每一个生命的自主生长"的美好愿景下，经过全班同学的讨论、投票，民主选出本班班名"小金鹿"。小金鹿拥有灵动向上的精神内涵，希望学生能像小金鹿一样活泼灵动，在班级生活中健康、快乐、自信地发展，成为最好的自己。

通过"五育融合"、"六育人"路径，确立了"创灵动向上班风，育自主发展少年"的总体育人目标，建设一个积极向上、活泼灵动、个性发展的小金鹿班，培育"自主管理、学会生活；自主探索、积极生活；自主创新、热爱生活"的学生。结合每个年级学生的特点，进一步将发展总目标细化，制定了班级建设阶段目标和学生发展阶段目标。

班级建设 阶段目标	低年级：搭建灵动的平台，构成自主管理的维度。
	中年级：凝聚灵动的力量，丈量自主探索的广度。
	高年级：焕发灵动的魅力，挖掘自主创新的深度。
学生发展 阶段目标	低年级：善于自主管理，开启"学会生活"之门。
	中年级：勤于自主探索，发现"积极生活"之路。
	高年级：勇于自主创新，获得"热爱生活"之心。

四、实践做法

（一）搭建灵动的平台，构成自主管理的维度

苏霍姆林斯基说："只有能够激发学生去进行自我教育的教育，才是真正的教育。"班级管理的最高境界是学生能够自主参与班级管理。我尝试以团队合作的方式进行自主管理，形成"个人—团队—班级"三维度的自主管理方式。

1. 个人维度——积极向上的金鹿小能手

根据一年级学生的发展规律和特点，我主要从学生的"正确认识自我""积极悦纳自我"和"有效控制自我"入手，焕发学生的自我意识，培养学生的自我管理能力，并为之后参与班集体的自主管理奠定基石。

（1）正确认识自我：借助10分钟队会，在班级中开展"认识你，认识我"活动，让每个学生自主交流，客观地找出自己的优点与缺点，同时也能够清楚地了解到其他同学的优点与长处，树立起个人自信心，正确认识自己。

（2）积极悦纳自我：利用班级文化建设，在特色栏推出系列漫画《我是独一无二的小金鹿》。通过一系列有趣的漫画故事，帮助学生认识到自己是独一无二的，在认识自我的基础上悦纳自我。

（3）有效控制自我：通过系列主题班会"和一年级说hello""小学生的魔法棒"等，培养学生的时间观念、规则意识、行为习惯等。

在我的指导和引领下，学生能以一种主人翁的态度自我约束、自我激励，增强了自我意识。

2. 团队维度——以微见大的金鹿微社团

微社团以"微"见大，它是以学生的兴趣和特长为成长需求，自发组成、管理的课间、午间小社团。微社团包含了团队成员的角色和定位、团队的领导、团队之间的沟通等。志趣相投的学生们聚在一起，从"招募成立社团—合理分工—有序开展—适时调整—交流分享"，都由社团的团长和团员们自主商量开展。

三年级的孩子们自我意识逐渐觉醒，便萌发了创办班报的想法。在我的鼓励和支持下，社团的同学们共同商量，根据特长分工合作，从定栏目、征稿、排版到一个小小的报头，都闪烁着孩子们智慧的光芒。经过共同努力，我们"小金鹿文学社团"的队员向全校师生发布了首期班报《小金鹿报》。

微社团活动的原则、制度规章和活动内容等都是由学生自主共同制定。这样的组织和机制有助于培养学生的主体意识，提升学生自我认知和团队管理能力，培养学生的团队合作精神。

3. 班级维度——互融互通的金鹿大当家

我以班级小岗位建设为抓手，给每个学生提供了参与班级管理、为班级服务的机会。岗位实践丰富了学生的角色体验、人际关系、班级生活，唤醒了学生的自我意识，同时让班级呈现出丰富、立体、动态的发展状态。

小岗位建设主要包括"岗位设置→岗位竞聘→岗位实践→岗位评价→岗位轮换"五个环节，具有整体螺旋式上升趋势，做到"人人都有小岗位，人人都是小当家"。在岗位设置时，我立足于班级建设的需求，关注学生的成长需求。同时，在岗位服务的过程中，我耐心观察、及时反馈，充分考虑学生个性差异与能力差异，适时进行岗位的调整，引导学生在岗位实践中更好地成长。

班级小岗位的实践与探索，培养学生的责任意识、合作意识、规则意识，让学生在多个班级岗位的锻炼中，扮演多种角色，拥有多份体验。我们把岗位建设融合到班级建设中，融通到班级生活中，帮助学生在真实的生活场景中发现自己的价值。

（二）凝聚灵动的力量，丈量自主探索的广度

科学家爱因斯坦曾说过："我并没有什么特殊的才能，只不过是喜欢寻根问底地追究问题罢了。"自主探索就是让学生们用自己的方式去了解、去探寻这个世界，去找到自己想要的答案。在中段，我尝试凝聚家、校、社三股力量，形成育人合力，激发学生学习、探究的原动力和内驱力。

1. 家庭圆桌派，集思广益

家庭圆桌派，是以家庭为单位，以充满仪式感的会议形式，围绕不同的主题，家庭成员之间平等交流，达成共识，营造民主和谐的家庭氛围。

相较于家庭会议，家庭圆桌派的氛围更为民主、轻松，大家可以畅所欲言，真实表达自己。同时，我们鼓励孩子自主探索家庭圆桌派的主题、方式和内容。家庭圆桌派的驱动，让学生在遇见问题时，能用倾听发现问题、用讨论理清思路、用自主的探索方式去寻找解决方案，培养了学生善于倾听、乐于思考、勤于探索的习惯，并营造了愉悦的家庭氛围。

2. 亲子实践活动，凝心聚力

《中小学德育工作指南实施手册》指出：实践育人主要是让学生通过参与社会实践活动获得道德体验。实践育人是学校全面育人不可或缺的重要环节。学校要积极挖掘社会各方面的教育资源，争取资源所属部门的支持。因此，我也一直在探索家班共育的新模式。从职业体验活动、暑期亲子运动会到家庭劳动指导微课等，促进了亲子关系的良好发展。

我们班级一直在持续开展"跟着爸妈去上班"的亲子实践活动，同学们走近父母的职业，自主探索职业背后的故事，共创亲子时光的高光时刻。"探索家庭职业—跟着爸妈去上班的实践活动—分享交流活动感悟"，一场场有声有色的体验，一次次有滋有味的探索，给予了学生有情有趣的收获。"跟着爸妈去上班"的系列活动参与度达到百分之百，遍及全班45个家庭，形成了家、校、社协同一致的育人合力。

（三）焕发灵动的魅力，挖掘自主创新的深度

七宝皮影作为上海市非物质文化遗产，走进明强校园已有十多年。多年来，我也一直在传承、发展和创新皮影的道路上不断摸索，挖掘皮影中的育人价值。

年段	皮影活动目标
低段（习得）	1. 了解皮影历史，激发学生的爱国情怀。 2. 学习皮影传统剧本，了解民间故事，体悟中华民族的传统美德和精神品质。
中段（传承）	1. 走近皮影传承人，学习皮影人的敬业精神。 2. 学习皮影基本的表演方法，尝试合作演绎皮影戏。
高段（创新）	1. 设计制作皮影人物，践行工匠精神。 2. 创作编写皮影剧本，内化学生情感。 3. 创新艺术表现形式，融合传统与现代文化。

1. 文化传承，敢于创新

创新之芽在每一位孩子心中萌发。在习得传承皮影的过程中，我们留出思维的时间和空间，激发学生创新的潜能。大家通过创编剧本，把校园生活中的趣事和社会热点话题，融入到皮影中。他们也把音乐课学到的口风琴运用到皮影的伴奏中，对表现形式进行了创新，这让皮影表演更活泼生动。

2. 活动策划，勇于创新

新学期开学了，四年级的学生们递交了"皮影活动策划书"。大家提议，我们可以通过"云"演出的方式，把皮影戏的魅力传播给更多的人。学生们大胆畅想能够设立一个"皮影劳动工坊"，将传统与现代融合，让技术为劳动赋能。同学们希望不仅仅可以使用传统雕刻，还可以利用3D打印、激光雕刻的方式来制作皮影。

自主创新传统文化激发了学生的创造能力，培养了学生的创新精神，赋予传统皮影以新的童趣，获得了热爱生活之心，让成长有了文化的厚度。

五、特色与成效

（一）小金鹿班充满灵动向上的生长力

在这样的建班育人实践下，师生营造灵动的班级教育场域。师生共同探索出了以"灵动"为核心的育人策略和班级建设特色，并使之不断完善，实现师生共生成长，最终形成一个积极向上、活泼灵动、有个性的班集体。这样的班级充满了凝聚力和生长力。

（二）"小金鹿"们彰显自主发展的生命力

我们始终以尊重学生、信任学生和注重学生能动性的发挥为前提，以激发和调动学生成长的独立性、能动性为根本目的，尊重学生的人格，关注学生的差异，满足不同学生的成长需求，促进学生主动地、富有个性地成长。

在搭建平台、家校合力、文化创新、多元评价的过程中，学生们逐步成长为学会生活、积极生活、热爱生活的社会小公民。学生们也在自主管理、自主探索、自主创新中彰显自主发展的蓬勃生命力，激扬每个生命的自主生长。

崇德向善，育"上善"好少年
——晨曦治班方略

■ 上海市青浦区御澜湾学校　陆海洁

◆--------- 班主任简历 ---------◆

陆海洁，上海市青浦区御澜湾学校教师，上海市冯志兰班主任工作室学员，青浦区第七届名优示范教师，青浦区十佳班主任。荣获青浦区园丁奖，青浦区第四届中小学班主任基本功大赛一等奖。所带班级荣获"青浦区优秀中队"称号。

◆--------- 班主任宣讲 ---------◆

一、育人理念

《三字经》言"人之初，性本善"，老子说"上善若水"，苏格拉底认为"美就是善"。"善，德之建也。"善，是建立德行的基础，是中华传统文化中高尚的品德，又是我国社会主义核心价值观的重要组成部分。同时，"上善之城"这一城市口号，其向上向善的理念孕育了一代人的成长。"向上而生，向善而行"这一理念也引领着我的建班育人过程，即我们心中有善，通过从善、向善、扬善，激发学生从"做好自己"走向"做最好的自己"，营造和谐共生、积极向上、温暖向善的班集体。

二、班情分析

班级学生共 46 人，其中男生 24 人，女生 22 人。接手班级后，通过观察、家访等发现：学生有活力，兴趣爱好广泛，待人热情大方，乐于表达。

班级孩子大多为独生子女，在同伴相处中以自我为中心，不能主动承担起责任。学生规则意识不够强烈，自主管理和参与班级事务的能力比较弱。后续班级建设中，需要关注学生在个性发展、习惯养成、同伴交往等方面的发展需求。

家长整体素质较高，支持班级各项活动的开展，家校关系比较和谐，沟通比较顺畅。通过调查、家访，了解到大部分家庭亲子相处模式比较民主、和谐，少部分父母以说教式、权威式的态度与孩子相处，家长关注孩子的全面发展，对孩子的期望值比较高。

三、班级目标

（一）发展总目标

在"向上而生，向善而行"育人理念的引领下，经过全班讨论、选举，最终班级以"晨曦"命名，寓意学生如同晨曦中的阳光，乐观向上，努力成长，绽放自己的独特光芒，从而营造一个和谐共生、积极向上、温暖向善的班集体。

结合"五育融合"、知行合一和学校"'上善'好少年"的评比，通过"六育人"路径，培育善修德、善求知、善健体、善尚美、善劳动的"上善"好少年。

（二）分年段目标

在总目标的统领下，结合每个年段学生的特点，进一步将发展总目标细化，形成了从"从善"到"向善"，再到"扬善"的低、中、高三个年段螺旋递进的发展思路，制定了年段重点关注的分目标。

低段：从善——播撒"上善"种子，知善明善。

中段：向善——搭建"上善"平台，学善思善。

高段：扬善——发扬"上善"品格，行善扬善。

四、实践做法

（一）民主管理，塑造"上善"环境

我通过温馨教室建设、岗位竞聘制、值日班长轮岗制等方式有效激发学生参与班级事务的主动性与积极性，而不是让学生被动接受与执行。每个学生都能通过自己的劳动为班级作贡献、成为班级的主人，同时在与同学相互配合、共同参与的过程中实现共同进步，形成"上善"的育人环境。

1. 温馨教室：打造"晨曦"文化

以"晨曦"为主题，合理利用班级资源，我与学生共同布置温馨教室，让教室的每一面墙都能"说话"，使环境文化发挥"润物细无声"的作用。

教室中，设置了"晨曦书吧""晨曦风采""晨曦公约""晨曦采撷"等板块。教室东面是"晨曦书吧"，书架上是孩子们自发带来的书籍，供大家课余借阅；教室西面是"晨曦风采"区，展现学生成长足迹，承载着孩子们在学校成长的点滴；教室北面张贴了孩子们共同商议讨论形成的"晨曦公约"；教室南面是每月更新的"晨曦采撷"区，是孩子们文思飞扬的小天地。学生在班级文化环境的熏陶中激发自我成长。

2. 分层管理：在锻炼中播下种子

为了营造利于学生成长的班级文化环境，我采用班级分层管理的方式实现民主管理，让每个学生参与到班级管理事务中。

一是通过班级民主竞选组建班委职能部，产生十大部长。各部门将日常管理的事务细化，设置成各个小岗位，开展"班级岗位我来找""班级岗位我来认""岗位职责我来定"的系列活动。

二是开展班级"人才招聘会",公开认领班级小岗位。由各职能部部长按照部门所需,自主招聘干事。每位学生可根据自己的能力和兴趣去相应的部门应聘,根据面试情况,由各职能部部长给成功认领岗位的同学颁发小岗位聘书。

在班集体的小岗位锻炼中,学生在自己的"责任田"里播下善的种子,努力挥洒汗水,成为班级小主人。

3. 值日班长:在轮岗中明责任、学友善

为了营造班级友爱的氛围,让孩子们之间有更多交流的机会,全班学生每天按学号轮流当值日班长管理班级。当天的值日班长还可以评价留言前一天的值日班长的管理情况。每周五的午会课是值日班长一周述职会。由一周的值日班长小结本周班级的亮点、有待进步之处和自己值日的感受。

他们在"值日班长"轮岗中,人人争做班级小主人,在锻炼组织管理能力的同时也能切身体会身上的责任,学会了自律,懂得了换位思考,同学之间也变得更友善了,逐渐形成了团结友善的班集体。

(二)制度助力,弘扬"上善"文化

班级制度文化是班级物质文化和精神文化的保障,结合校规、班级实际情况,师生共同商议制定了若干班级制度,如晨曦班级公约、岗位评价制度等。

1. 抓常规促习惯,保障"上善"之路

(1)晨曦班级公约:设立常规,共同遵守。

我和学生一起制定班级公约,引导学生认识规则的重要性,懂得遵守规则的必要性。通过前期调研,从学生的视角出发,将价值引领融入班级公约。同时,根据学生年段特点和公约实施情况,每学期都会对公约进行"动态"调整,焕发学生自主内驱力。

(2)晨曦积分存折:量化考核,记录成长。

与晨曦班级公约相辅相成的是晨曦积分存折。我与学生商议讨论出积分细则,以加☆或减☆的形式记录学生平时的行规表现,由轮岗的值日班长每日做好记录,并于第二天及时反馈。一个月后,根据积分存折的☆数,学生可以到班级开设的"晨曦超市"内兑换相应☆数的书本、文具等奖品，也可以用积分兑换换座券、免抄写券等。定期评选"课堂发言之星""学习进步之星""好作业之星""劳动小达人"等。班级自主管理迈上新台阶，推动了整个班级积极向上发展。

2. 岗位评价制度：动态管理，和谐共生

为了引导学生在岗位体验中增进同伴互助、同伴理解等，通过全班讨论制定岗位评价制度。各职能部部长负责对该职能部的干事进行考评，每位部长每人一本记录本，根据每项内容的评分标准，记录着各干事小岗位的工作表现（评分情况）。根据各职能部部长的日常评价，一个月后进行小岗位考评，为工作突出的同学颁发岗位等级证书。

通过岗位评价制度，实现多样化的动态管理，引导学生获得多种岗位角色体验，在轮岗中学会理解和体谅他人，这样友善的氛围推动整个班级和谐共生。

3. 电子班牌：行规教育风向标

充分利用教室门口的电子班牌，开设了"中队目标""成长足迹""中队风采""童心闪耀"等栏目，把行规教育纳入电子班牌设计中。

学生点击专栏便能看到每天行为规范检查的得分情况，及时知晓班级前一天的行为规范表现情况，看到班级行为规范方面存在的问题，还能看到班级所获荣誉，如流动红旗、星级行规示范班和示范员等，我也会及时开展教育，加强薄弱环节的管理。电子班牌每天及时更新，外显学生行为规范教育的过程性和累积性评价，展现了学生的个人风采和班级的良好风貌，是班级行为规范教育的"风向标"。学生逐步树立规则意识与责任意识。制度建班，促进学生在良好的"上善"氛围中健康成长。

（三）活动引领，培育"上善"品格

寓德育于丰富多彩的活动中，我抓住组织各类活动的契机，通过民主的班级文化建设，敞开学生的交往空间，使每一次的活动都成为帮助学生成长的教育性活动。

1. 结合节庆活动，践行"上善"文化

结合各种节日，挖掘善的种子，播撒到孩子心田。将清明、端午、重阳等节日设计成系列活动，每个系列精心设计方案策划年级的分层活动，将学生行为培养融于活动中。

以重阳节为例：引导学生探究敬老爱老是中华民族的传统美德，陪长辈过重阳，登高赏菊，吃重阳糕；孝敬长辈要学会做一件力所能及的小事，如聆听长辈说话要认真、不插嘴，为长辈盛饭夹菜等。在班会课上，学生交流活动的收获和感想时表示：要在生活中的每时每刻尊老爱老。学生在亲身实践中，将做人做事的基本道德内化为健康的心理，转化为良好的行为习惯，践行"上善"文化，让教育在一个个活动中落地开花。

2. 结合公益活动，力行"上善"精神

为了激发学生内驱力，引导学生在同伴交往中会合作，全班还组建了五个小队：朝晖小队、彩虹小队、曙光小队、满天星小队和星辰小队。各小队在老师的指导下、家长的带领下，利用周末、节假日、寒暑假等时间，走进社区开展志愿服务，走进红色场馆研学，走进各类行业进行职业体验……开展了"走近陈云爷爷""我看环城水系公园"等活动。学生以假日小队活动的形式以点带面，走出学校，力行"善举"，宣传"上善"文化，让"上善"精神遍地开花。

（四）家校协同，形成"上善"合力

家庭是孩子的第一所学校，父母是孩子的第一任老师。家校合作是家庭教育与学校教育相互配合的一种双向活动。要努力构建家校协同教育的模式，形成"上善"的教育合力。

1. "上善家长微学堂"：线上线下齐助阵

区家庭教育讲师团于 2022 年推出"上善家长微学堂"系列微讲座，针对居家学习、亲子关系、孩子叛逆等问题，以微课的形式解答家长关心的问题，助力孩子健康成长。

我利用家长学校、家长开放日，让家长走进学校，走进课堂，近距离了解孩子在校的学习、生活状况，拓展家庭教育的空间。我也利用班级群推送"上善家长微学堂"，线上线下齐上阵，既有心理专家的专业指导，又有班主任的家庭教育微课，全方位地给予家长各种形式的家庭教育指导。对于班中个别同学的问题，我通过家访、电话等形式，与家长一起同学生进行沟通与疏导。

2. 家长微课程：家长经验互分享

《中华人民共和国家庭教育促进法》的正式实施，使"家事"上升到了"国事"。家长不仅要"依法带娃"，更要懂得科学育儿。为此，我充分挖掘家长资源，开设家长微课程，丰富家庭教育活动内容，组建班级家庭教育分享平台，让有经验的家长在家长会上分享育儿经验，也邀请家长根据家庭教育中的热点问题与现实矛盾交流感受。

此外，我还邀请家长志愿者进课堂讲课，与孩子们分享课外知识，让孩子们进行职业初体验，从不同的角度认识社会、接触社会。引导家长及时给予孩子行为上和情感上的支持，做能够共情的父母。通过家长微课程、家长学校活动、家长课程进课堂等建构多元的家校共同体，家校协同形成"上善"的教育合力。

五、特色与成效

在班集体创建的过程中，不断丰富和完善"上善"育人的专题化、常态化活动，并结合班会课、10 分钟队会、假日小队活动等各种教育方式在德育教育中的作用，形成了系列化的"上善育人"班本课程，提升学生对"上善"的认识。

师生共同营造了一个和谐共生、积极向上、温暖向善的班集体。班级在学校星级行为示范班评比中蝉联"三星级"。学生积极向上，主动投身于班级建设中，促进了自主发展。课堂上，他们是勤学好问的书山少年；课间午间，他们是文明休息的阳光少年；运动场上，他们是团结友爱的活力少年；实践活动中，他们是"红领巾"少年……他们在各类活动中从善、向善、扬善，正逐步成长为善修德、善求知、善健体、善尚美、善劳动的"上善"好少年！